5사상 29방

현대수필가100인선 · 48

5사상 29방

윤형두 수필선

좋은수필사

■ 책머리에

수필은 누구나 부담 없이 읽고, 마음만 먹으면 직접 쓸 수도 있는 가장 친근한 문학이다. 다른 영역의 문학이 영상매체에 밀려 신음하고 있는 중에도 수필 인구만은 날로 증가하여 바야흐로 수필 전성시대를 구가하고 있는 이유도 거기에 있을 것이다.

시대적 추세에 힘입어 수많은 수필전문지, 수필동인지가 창간되고, 이에 비례하여 신진 수필가도 날로 늘어나다 보니 이제는 그 많은 작가, 그 많은 작품 중에서 문학성 높은 작품을 가려 읽는 일이 쉽지 않게 되었다. 이런 현상은 작가에게나 독자에게나 결코 바람직한 일이 아니다. 더 나아가서는 수필을 연구하는 후세들에게도 큰 부담이 될 것이다.

이런 문제를 해결하는 데는 출판인도 마땅히 한몫을 감당해야 한다는 평소의 소신에 따라, 본사가 기꺼이 그 역할을 맡기로 했다. 그 첫 번째 사업으로 시대를 대표할 만한 수필가 100인을 선정하고, 작가가 자선한 40편 내외의 작품을 수록한 문고본을 발간하여 이를 널리 보급함으로써 그 소임을 다하고자 한다.

본사는 사명감을 가지고 이 사업을 추진해 나가기로 했다. 작가 선정을 전담할 편집위원회를 구성하고 전권을 위임하여 일체의 사적인 정실이나 청탁을 배제함으로써 전문성과 공

정성을 확보해 나갈 것이다.

따라서 이 기획물 속에는 작가의 문학정신뿐만 아니라, 본사의 문학사적 기여 의지와 편집위원 제위의 수필문학에 대한 애정과 문인으로서의 양심이 함께 담겨 있음을 자부한다. 다만, 작가를 선정하는 기준에는 많은 견해의 차이가 있을 수 있고, 선정 과정에서도 미처 챙기지 못한 부분이 있을 것이라는 사실만은 인정하지 않을 수 없다. 이 점에 대해서는 관계자 여러분의 양해 있으시기 바란다.

이 시리즈의 발간 순서는 작가, 또는 본사의 사정에 의한 것일 뿐 그 밖의 어떤 기준도 적용하지 않았음을 밝힌다.

본 기획물이 시대를 초월한 많은 수필 애호가들의 관심과 애정 속에 우리나라 수필문학 발전에 한 이정표가 되기를 바랄 뿐이다.

2009년 10월

좋은수필 발행인 서 정 환

현대수필가 100인선 간행 편집위원 박 재 식 최 병 호

정 진 권 강 호 형

변 해 명

| 차례 |

1_부

2_부

3_부

4_부

마음의 잣대

새얼회

그 여인이 남긴 노래

쌀표 한 장

광복의 그날 그때 그 사람들

대영박물관의 한국고서 한 권

내 평생 잊지 못할 일

고향으로 띄우는 편지

추억의 땅

마음의 잣대

초청장이 왔다. 세미나 팸플릿 속에 두 장이나 끼여서 왔다. 표지에는 태극무늬 위에 영문으로 'Invitation'이라 쓰여 있었다. 늦가을의 오후 6시 프레스센터 20층에서 열리는 리셉션에 참석해달라는 정중한 인사말이 마음에 와 닿았다. 그리고 호주에서 온 친구를 맞은편에 있는 코리아나 호텔 커피숍에서 7시에 만나기로 하였는지라 장소도 가깝고 시간여유도 있어 들르기로 했다. 또 그곳에 가면 얼마간 만나지 못했던 분들을 만나 뵙게 되리라는 기쁨 같은 것도 맛볼 겸 정각에 참석을 했다.

20층에 올라서자 남향 쪽에 있는 내셔널 프레스클럽 입구에 방명록이 놓여 있어 서명을 하고 들어서니 주최 측인 한국언론학회 회장과 SBS 회장이 반갑게 맞는다. 정중히 인사를 하고 들어서니 입추의 여지가 없다. 그런데 분위기가, 내가 올 곳이 아닌데, 하는 느낌이 왔다. 인사를 하고 언론학회 회장을 지낸 L박사와 이야기를 나누다 그분이 여교수 한 분에게 인사를 건네기에 보았더니 언론학회 모임에서 자리를 같이한 적이 있는 분이다. 나도 인사를 했는데 받는 둥 마는 둥이다. 만나면 반가워할 것 같은 몇 분이 고위층과 어울려 담소를 하고 있다. 가운데 놓여 있는 음식 진열대 사이를 가로질러 찾아가 인사하기도 그렇고, 또 주스잔을 붙들고 서 있기도 서먹하다.

사회자가 저명인사 몇 사람에게 앞으로 나와달라는 방송을 한다. 플래카드 앞에 늘어선 인사들을 향해 숱한 플래시가 터진다. 신문지면을 장식할 사진들을 찍는 것 같다. 나는 슬며시 입구로 나왔다. 문이 열린 승강기를 타려고 하는데 승강기 문에 장 · 차관을 비롯한 VIP 전용이라는 팻말이 붙어 있다. 승강기에 오르려다 발을 잠깐 멈추는 순간, 문이 닫혔다. 그 다음에 올라온 엘리베이터로 1층에 내려가 막 현관 쪽으로 가는데 고위급 인사용 엘리베이터에서 내려서 걸어오는 장관 출신인 S여사와 마주쳤다. 오랜만이라는 인사와 동시에 각자 손을 내밀었다. 그런데 그녀가 손가락을 구부리지 않아 돌벽 같은 손바닥이다. 내 손가락을 굽히지 않았던들 손뼉 맞추기가 될 뻔했다.

건너편 승강기 앞에서 승강기를 타려던 낯익은 S신문사 B부장이 생긋이 웃으며 어찌 왔느냐고 하기에 잠깐 볼일이 있어 들렀다고 하고서 손을 번쩍 들어 보이곤 정문을 나섰다.

길 건너편에 있는 약속장소에서 호주에서 온 친구와 만나기로 한 시간은 아직 이르다. 교보문고로 향하면서 문득 피천득 선생님의 엘리자베스 여왕 생일축하연에 주한 영국 대사관에서 초청받았던 때의 수필 〈가든 파티〉라는 글이 생각났다. "무엇이 겸연쩍은지 나는 한편 구석에 가서 섰었다."라는 구절이 강하게 머리를 스쳤다.

어둠이 깔린 광화문 거리에는 나의 이 주눅들린 모습을 알아챌 사람이 없어 한결 마음이 가벼워졌다. 또 뜨거웠던 볼에 신선한 가을바람이 스친다. 광화문 지하도를 지나 교보문고로 발을 옮겼다. 매양 들르는 공간이지만 오늘따라 더욱 아늑하다. 내가 낸 책들을 둘러본다. 문고본 서가, 세계문학 코너 이곳저곳 산재해 있는 우리 출판사의 책들을 분가한 아들, 딸네 집을 돌아보듯 돌아본다.

손님이 서가에 꽂지 않고 책 위에 얹어놓은 책은 제자리에 꽂고, 넘어진 책은 바로 세우고, 순서가 뒤바뀐 것은 순번을 찾아놓는 등 매만짐을 한다. 빛깔이 바래고 때가 묻은 책들이 눈에 띄면 손수건을 꺼내 닦아보고 싶지만 그것만은 행동으로 옮겨지지 않는다.

책은 나에게 위안과 희열을 준다. 이제 그 파티장에 들어가기 이전의 기분으로 얼마쯤 바뀐 것 같다. 책은 나에게 왜 괜스레 그런 곳에 발을 들여놓아 마음앓이를 하느냐고 꾸짖는 것 같다. 그 호화스러운 파티장의 10분은 그렇게 길었는데, 30~40

분이 순식간에 지나갔다.

약속시간이 다 되어 부랴부랴 커피숍에 갔더니 호주에서 오늘 도착하였다는 K형이 반갑게 맞는다. 가까운 참치횟집에 가서 둘이서 매실주 두 병을 비웠다.

삶이란 분수에 맞게 살면 이렇게 즐거운 것인데, 분수에 맞지 않게 이곳저곳 기웃거리다 피곤을 자초한다. 위대한 시작은 작아지는 것이요, 위대함의 성숙은 더욱 작아지는 것이며, 위대함의 완성은 아무것도 바라지 않는 데서 얻어진다고 하지 않았는가.

가야 할 곳과 가지 않아야 할 곳을 알려주는 컴퓨터 프로그램이라도 있으면 좋을 것 같다. 사람이 살아가는 지혜란 넘치지도 말고 자기 분수에 알맞게 살아가는 것일진대 왜 그것이 그렇게 어려운지, 마음저울이나 마음잣대 같은 것이 있었으면 얼마나 좋을까.

— ≪새길≫, 1998. 12월호.

새얼회

한지韓紙창 아자亞字문살 사이로 초봄의 햇살이 스며드니 고양이졸음이 쏟아진다. 어깨 깊숙이 목을 박고 의자에 기대어 발을 꼰다. 비몽사몽이다. 아물아물하게 아지랑이처럼 온갖 사념이 스쳤다 사라진다.

옛일과 요사이 일어나는 일들이 뒤얽히기도 하고 옛사람과 근자에 만났던 사람이 번갈아 떠오른다. 모든 것을 떨쳐버리고 한숨 자고 싶다는 생각을 해보나 잠이 들지 않는다.

D양이 노크를 하고 우편물 한아름을 안고 들어와선 책상 위에 부려놓는다. 잡다한 우편물 속에 하얀 끈으로 단정하게 포장한 책꾸러미가 하나 있다. B형이 보내준 계간지 ≪수필공원≫ 봄호 두 책이다. 목차를 훑어 내려가다가 두 여인의 이름 위에서 눈길이 멈췄다. 분명 그 사람들일까 하는 생각으로 글

이 담겨 있는 페이지를 찾았다.

퍼붓던 졸음이 싹 가신다. 야릇한 심정으로 글을 읽었다. K의 글은 정원에 피는 노란 장미를 주제로 미국생활 속에서 고인이 된 한 선배의 죽음을 기리는 담백한 글이었다. H의 글은 이집트를 다녀온 기행문이었다. 이름 석 자는 고딕체로 머릿속에 각인되었는데 그들의 얼굴은 잘 떠오르지 않는다. 그렇게 많은 세월이 흘렀다.

40년 전, 그들이 대학 2, 3학년 때였던 것 같다. 나는 대학을 다니다 말다 하며 잡지사에서 편집일을 하고 있었던 때다. 그때 우리 남자친구 대여섯 명과 E대 국문과에 다니는 여대생 대여섯 명이 '새얼회'라는 문학동인회를 만들었다. 남자 쪽은 문학지망 청년들도 있었지만 나와 같은 건달도 있었다. 그런데 여자 쪽은 ≪현대문학≫에 시 추천을 완료한 시인도 있었고, 첫번 추천을 마친 시인 예비후보도 있었다. K와 H는 그때 첫 추천을 받았던 것으로 기억이 난다. 1958년 5월에 우리는 ≪새얼≫이라는 동인지를 프린트본으로 만들었다. 그러나 그 프린트본이 창간호요, 종간호가 되고 말았다. 내가 그 해 8월에 군에 입대하고 다른 동인들도 뿔뿔이 헤어져 동인지 출판을 잇지 못했기 때문이다.

몇 년이 지난 후, 생활이 안정되면서 새얼회 회원들 생각도 가끔 나고, 유독 내 애정이 담겨져 있는 ≪새얼≫지를 갖고 싶었다. 군에 입대하면서 서울에 놔두었던 책과 가재도구 등을 같이 있던 친구가 하숙비를 내지 못해 야간도주를 하는 바람에 모두 잃어버렸다. 그 후 몇 사람의 동인을 만나 ≪새얼≫지를 간직하고 있냐고 물어보았으나 가진 사람이 없었다. 여성 회원들은 시집을 가거나 독일, 미국 등으로 흩어져 수소문할 길이 없었다.

나는 그 후 많은 책을 모으기 시작했다. 어느 때는 헌책장사를 하면서까지 책을 모았다. 그 중에 혹 내가 찾는 ≪새얼≫지가 없을까 하고 변두리의 헌책방 다락이나 고물장수의 책더미를 뒤지기도 하였다. 그리고 출판업을 하면서는 새 책을 팔아 헌 책을 사 모았다. 서울의 인사동, 청계천변과 장안평 등은 물론 고서점이 있는 곳이면 지방까지도 다녔다. 그러나 ≪새얼≫지는 보이지 않았다. 그 보잘것없는 갱지에 70여 페이지 되는 얄팍한 프린트본 책자가 그렇게 찾기 힘든 것인지 몰랐다. 어느 때는 광고라도 한번 내볼까 하는 생각도 들었다.

20여 년 전, '새얼회' 동인이었던 J라는 친구에게서 K가 미국 생활을 하다가 잠깐 서울에 다니러 왔는데 한번 만나보지 않겠느냐고 했다. 그는, 그녀의 몰골이 짙은 화장에다 꼭 미국 여자 같다는 말을 덧붙였다.

한때 나는 그녀를 좋아했다. 그의 문학을 좋아했고 그의 시를 좋아했다. 그래서 ≪새얼≫지에 게재한 〈강물〉이란 시를 조용히 되뇌곤 했다. 김소월의 〈진달래꽃〉, 한용운의 〈선사의 설법〉을 외우듯이 읊조리곤 했다. 그러나 〈강물〉의 시인인 K

를 만나고 싶지 않았다. 그 야릇한 그리움이 강물처럼 흘러가 버린 지금, 그녀를 만난다는 것은 아직 내 마음에 사그라지기 직전의 잿불이 남아 있기 때문인지도 모른다.

그러다 몇 해 전, K가 H신문사 출판부에서 미국생활을 담은 생활수기를 출간하였다는 신간소개를 보았다. 서점에 가서 한 권 샀다. 읽어나가는데 잘 읽히지 않는다. 그녀의 글에 내 넋이 투영되지 않았다. 건성으로 활자를 따라가다가 그만 책을 놓고 말았다. 그로부터 며칠 후, 이민을 가는 사람에게서 산 책더미 속에 볼품없이 누렇게 색이 바랜 ≪새얼≫지를 발견했다. 표지에는 H가 그린 삽화와 '조연현 선생님 혜존'이란 정갈한 글씨가 씌어 있었다. 책값을 좀 비싸게 주고 샀다는 기분 때문에 언짢았던 마음이 확 가셨다. 그리고 단번에 K의 〈강물〉이란 시를 읽었다.

하늘에 잇닿는 사무침이 얼마나 크기로
강물은 저리도 사철 몸부림 같은 푸름으로 출렁이는가?
애기바위 전설傳說에 한낮이 기울면
구름이 쓰다듬은 긴 머릿결
새댁네는 돌아서서 옷고름을 적셨다.
(중략)
천년千年을 하루같이 기다림에 여위어온
오, 지금사 피어나는 아사녀阿斯女의 넋이여 강물이여
물결이 쓸어간 강변에

활활 노을이 탄다
물새도 없다.
이제사 눈물처럼 윈 몸에
노을빛, 노을빛 강물이 흐른다.

많은 세월이 흘렀다. 추억이란 말을 되뇌어본다. 추억이란 반추할수록 미각이 돋고 굴릴수록 영롱한 빛을 발하는 구슬 같은 것이라 할까…….

오늘따라 한강다리에 걸쳐진 저녁노을이 곱다.

— ≪현대문학≫. 1997. 5.

그 여인이 남긴 노래

많은 세월이 흘렀다. 벌써 반세기가 되어간다. TV 드라마에서 두 아이를 가진 이혼녀와 나이 어린 총각이 짙은 사랑을 하는 장면을 보고 문득 그 여인이 떠올랐다.

밭 가운데 집 두 채가 있었다. 한 채는 제법 큰 기와집이었고 그 앞에 야트막한 방 두 칸의 초가집이 있었다. 그 한 칸에서 친구 둘과 같이 자취를 하였다. 그때는 내가 고등학교 2학년 때쯤으로 아직 한국전쟁이 종전되기 직전 무렵이었다.

뒤 기와집에 어린 사내아이를 데리고서 친정집에 살고 있는 미망인이 있었다. 애기아빠는 공비토벌을 나갔다 전사한 경찰간부였다고 했다.

나는 그 여인을 누나라 불렀고 꼬마아이는 나를 무척 따라 조카처럼 귀여워했다. 나는 그 누나가 일본에서 여중학교를 나왔다고 했는데, 얌전하고 말수가 적어 무척 호감이 갔다. 그때 시골에서 지금의 여고에 해당하는 여중 졸업생이란 찾아보기 힘들었던 때였다. 아니, 그보다 미망인이었다는 데 호기심이 있었는지도 모른다. 가끔 된장찌개나 김치 같은 반찬거리를 가져다주기도 했다.

그리고 초가집 흙벽과 잡목으로 울타리를 막아놓은 그 좁은 사잇길에서 누나와 나는 많은 이야기를 하였던 것 같은 기억이 난다. 그리고 볏단이 쌓여 있는 아늑한 곳에서 별빛이 쏟아지는 밤에 조용히 나에게 일본노래를 가르쳐주었다.

내가 가장 먼저 배운 노래는 〈동경의 아가씨〉라는 노래인 것 같다.

동경 아가씨의 첫사랑은
불타올라 아련한 산데리아
좁다란 긴자의 노을빛 속에
둘이서 걸으면서 꿈을 꾼다
아 사랑의 밤 사랑의 밤이여

그녀는 그때까지도 한국말이 서툴렀다. 그는 일본어 가사만을 따라 부르게 할 뿐, 그 뜻이 무엇이라고 한국말로 가르쳐주지 않았다. 나는 초등학교 4학년 때 해방이 되어 일본어를 거의 잊어버렸으나 대충 이런 뜻이겠거늘 하고 음미하며 따라 불렀다. 나 혼자 무료하거나 허전할 때면 일본 가사로 이 노래를 불렀다.

그 어느 날이었던가. 비가 무척이나 많이 쏟아지는 날이었다. 주말이라 같은 방에서 자취하던 두 친구들은 고향으로 가고 나 혼자 있는 방에 누님이 와서 노래 한 곡을 가르쳐줄 테니 배우라는 것이었다. 백지 위에 아주 정성스럽게 일본어 가사를 적어주며 따라 부르라는 것이었다.

그 옛날 화원에서의 갖가지 추억이여
시든 장미가 애처로워 오늘도 비가 내린다
아 꿈은 어디에 외로운 이 내 가슴

이 노래는 무척 애처로웠다. 그리고 몇 번 노래를 부르다 목메인 듯 끊기더니 방문을 열고 후닥닥 나가버렸다. 나는 누나가 전사한 남편 생각에 몹시 괴로워하고 있구나라는 생각을 했다. 그 무렵 S시에 D서커스단이 들어왔다. 그런데 서커스단에 있는 사람들이 뒷집에 드나든다는 소문이 들렸다. 그러고 누님은 여느 때처럼 우리들을 찾는 일이 뜸해졌다.

그러던 어느 날 주인집 아주머니가, 뒷집 누나하고 서커스단에서 전기공사를 하는 사람하고 결혼을 할 모양이라고 했다. 나는 어떻게 우아하고 고고한 누님이 전기장이하고 결혼을 한

단 말인가 하고 이해가 가지 않았다. 참으로 남녀관계란 알 수 없는 것이란 생각이 들었다.

무척 추운 겨울날이었다. 아마 겨울방학 때였던 것 같다. 뒷집에서 누님이 부른다기에 갔다. 떡과 식혜를 내어놓으며 먹으라고 한다. 그리고 봄이 되면 이곳을 떠나게 될 것이라 했다. 그리곤 마지막으로 노래 한 곡을 가르쳐줄 테니 잊지 말고 자기를 기억하면서 부르라고 하였다.

나는 왜 전기장이와 결혼을 해야 하며 여기를 떠나야 하는지 묻지 않았다.

그리고 적어준 노래를 불렀다.

죽음보다 괴로운 사랑 때문에 찢어진 이 가슴
울며 울며 가련다 그저 혼자서
추억을 되살리는 가슴 속까지 잘 있거라 도쿄 안녕

일본어의 뜻은 정확히 모르나 이런 뜻이 담겨 있는 노래가 아닌가 했다. 그러나 지금껏 왜 이 노래를 나에게 마지막으로 남겼는지 모르겠다. 나는 그 후, 누님의 어머니와 같이 D서커스단이 전북 이리에서 공연을 한다기에 찾아가 그때 한 번 만났다. 그리고 휴전이 되고 서울이 수복된 직후, 고려대학교 뒤켠 종암동 돌산 밑에 천막을 쳐놓고 산다기에 한번 찾아가 뵈었다. 그리고 지금껏 한 번도 만나지 못했다. 내가 그렇게 그리워했던 누님의 아들이 장성하여 은행원이 되어 서울에서 근무하고 있다는 소식을 들었으나 찾아보지 못했다.

나는 세 노래를 가끔 일본어로 부른다.

일본 사람들과 어울렸을 때 술김에 부르기도 하고, 근자엔 혼자 부르는 횟수도 잦아졌다. 이 노랫말들이 노래를 가르쳐 준 누님에 대한 사념思念이라기보다는 내 살아온 삶의 굽이마다에 그런 사연들이 있었기 때문이라 여겼다. 그러다 TV 연속극에서 연상의 여인을 죽도록 사랑하는 젊은 청년을 보면서 그때 내가 누나를 사랑했던 것은 아닌지? 아니 누나가 나를 좋아했던 것은 아닌지? 하는 철딱서니없는 망상妄想을 해본다.

— ≪에세이문학≫, 2002. 3.

쌀표 한 장

깜빡 잊었다. 아니 오랜 기간 그 은혜를 잊고 살았는지 모른다. 안길수 변호사는 나와 대학을 같이 다녔다. 퍽 가깝게 지냈다. 그의 고향인 화성군 반월면 사리 샘골마을에 가서 농사철이면 모내기도 하였다. 그 마을이 소설 ≪상록수≫의 주인공인 채영신 여사가 농민계몽운동을 하였던 곳이라 더욱 친근감이 있었다.

안 변호사 집 옆에 주인공이 야학夜學을 하던 천곡泉谷교회가 있고, 건너편 야트막한 언덕에 채영신 여사의 묘소가 있었다. 그 때 몇 친구가 모여 ≪상록수≫ 정신을 이어가는 농민계몽운동을 겸한 민주화운동 같은 것을 한번 시도해보려다 좌절하고 만 일이 있다.

안 변호사는 삼형제였다. 형님이 한때 '반도호텔'에 근무하였다. 1950년대 후반 한국전쟁의 상처는 지금의 북한의 기근을 연상할 정도로 어려웠다. 그때 나는 가끔 안 변호사와 같이 형님을 찾아가 배고픔을 달래는 신세를 지곤 했다. 또 잠잘 곳이 없어 방황할 때는, 안 변호사의 동생인 만수가 선린상업학교 야간부에 다녔는데 그의 친구가 근무하는 삼각지 파출소의 숙직실에서 얼마간 잠잘 수 있도록 소개해 주기도 하였다.

이런 일들을 까맣게 잊고 오랜 세월이 흘렀다. 그런데 며칠 전 안 변호사에게서 전화가 왔다. 딸을 여의기 위해 한국에 왔다는 것이다. 온 식구가 미국에 가 산다는 소식은 들었지만, 어느 해 장승백이에 있는 그의 집에서 늦도록 몇 친구들과 어울려 술을 마시다 헤어진 후 처음 듣는 음성이다. 퍽 반가웠다.

결혼식날, 하던 일을 멈추고 부랴부랴 축의금 봉투를 챙겨 넣고 결혼식장에 갔다. 안 변호사의 어머님과 형제들과도 오랜만에 만나 인사를 드리고 그 곳에서 점심도 먹고 헤어졌다. 그런데 돌아오는 길에 무엇인가 마음이 허전하고 결례를 한 것 같은 생각이 마음을 조여왔다. 분명 결례를 하였다. 받음에 대한 갚음의 예를 다하지 못한 것이다.

나는 요사이 많은 사람에게서 부고訃告와 여러 가지 행사의 초청장을 받는다. 거기에 대한 인사와 답례로 일률적으로 이등분하여 액수를 정하고 최고액수를 얼마라고 규정을 지어버렸다. 부조금 액수 때문에 갈등을 많이 하기 때문이다. 안 변호사의 혼사에도 그 규정을 적용한 것이 결례를 범하고 만 것이다.

1971년이 시작되던 추운 겨울날, 나는 ≪다리≫지 필화사건으로 감옥에 들어가게 되었다. 그 사건이 정치적 사건이라 옥중생활도 유별났다. 독방에다 차입금지, 접인금지, 변호사 접견마저도 용납되지 않았다. 넉넉지 못한 생활에 가장인 내가 감옥에 들어왔으니 식구들은 밥이나 굶지 않는지, 무척 걱정이 되었다. 그 해 4월 대통령 선거가 끝나고 이내 풀려났다. 집에 돌아오니 내가 밖에 있을 때보다 여유로웠다. 없던 텔레비전도 생겼고 양식거리도 제법 쌓여 있었다. 그런데 아내가 나에게 쌀표 한 장을 주면서 아직 쌀이 있어 찾지 않았다는 것이다. 그 때 검사로 있었던 친구 안길수가 반공법 위반으로 잡혀가 있는 나를 면회도 방청도 할 수 없었던 그 마음의 표시로 봉천동 산고개에 있는 우리 집에 와서 쌀표 한 장을 전해주고 간 것이다.

나는 집에 돌아와 아내에게 요즘 쌀 한 가마니가 얼마냐고 물었더니, 왜 쌀값을 묻느냐는 것이다. '아차, 또 내가 큰 실수를 범하고 있구나. 돈이면 다인가, 마음이 천금千金인데…….'

— ≪좋은생각≫, 1997. 8.

광복의 그날 그때 그 사람들

어깨를 맞추고 형님과 오늘도 학교를 가는 것은 군인들의 덕택이요

나라를 위한 나라를 위한 군인들의 덕택이다.

어젯밤 가족이 모여 앉아 즐거운 식사를 할 수 있었던 것도 군인들의 덕택이요

나라를 위한 나라를 위한 군인들의 덕택이다.

외롭지만 오늘 밤도 어머님과 잠잘 수 있는 것도 군인들의 덕택이요

나라를 위한 나라를 위한 군인들의 덕택이다.

〈군인아저씨 고맙습니다〉라는 노래를 교정이 떠나갈 듯 목청을 높이며 불렀던 초등학교 시절의 친구들은 지금 어떻게 되었을까? 내가 초등학교를 다니던 일본 가나가와겐神奈川縣

사가미하라相模原라는 곳은 일본의 군사시설이 많았던 곳이다. 일본 육군사관학교, 일본 체신학교, 일본 제3육군병원 등이 시내에 산재되어 있었다. 이곳의 오노大野 제일초등학교에 나는 다녔다.

1945년 광복이 되기 한 해 전에 우리 가족은 한국으로 나왔다.

일본인 학교에 다니면서 '조센진朝鮮人 한도진半島人'이라고 멸시를 많이 받았다.

그런데 일본이 연합군에게 패전하여 신으로 여겼던 일본 천황이 항복을 하였다는 것이 도저히 믿어지지 않았다. 일본이 싱가포르를 함락하였다고 전교생에게 고무공을 나누어주기도 하였고 아침 조회시마다 교장선생이 남양군도의 전투에서 황군皇軍이 승리하고 있으며 일본의 승리를 위하여 천황폐하 만세를 선창하였다.

그런 일본이 망했다는 것이 도저히 믿어지지 않았다. 그러나 망했다면 우리가 살던 사가미하라 시내는 어떻게 되었을까, 또 그 친구들은 살았을까 죽었을까? 하는 의문이 꼬리에 꼬리를 물었다.

우리 가족은 일본에서 현해탄을 건너 한국에 온 후 폭격 등을 피하여 고향인 여수로 가지 않고 순천시와 떨어진 별량면 가동이란 시골에서 살았다. 그곳에서 해방을 맞았다. 아주 시골이라 마땅히 다닐 학교가 없어 집에서 2km쯤 떨어진 구룡이란 역에서 벌교 남초등학교로 기차통학을 하였다. 일본에서

갓 나와 조선말이 서투른 나를 쪽바리 일본놈이라고 놀려대었다. 그러나 일본아이들이 조센진이라고 하대下待하는 것에 비하면 그저 내 서투른 한국말을 놀려대기 위한 것쯤으로 치부할 수 있었다.

공출이다, 식량배급제다, 강제노역이다 하고 궁핍한 생활이 점점 심해지기는 했지만 어린 나이에 일본이 망하리라는 생각은 하지 못했다. 일억일심一億一心 일억인구가 한마음으로 미영美英을 격퇴하고 가미가제神風 특공대 등으로 구축함을 침몰시키고 하여 한 사람의 일본인이 남을 때까지 절대 패망은 하지 않으리라고 믿었다. 그런데 일본이 망했다는 것이다.

산골짝 같은 시골에도 해방의 감격과 파장은 대단하였다. 집집마다 태극기가 꽂히고 무슨 모임들이 그리도 많은지, 부모님은 매양 모임에 나가셨다.

그러던 어느 날, 아버님이 이제 완전히 내 나라 내 조국을 찾았다며 무척이나 기뻐하셨다.

아버님은 일본 사가미하라 제3육군병원에서 군속으로 있으면서 1년 전부터 지나中國와 남양군도 등에서 부상병들이 병원으로 밀려와 일본이 곧 패망할 줄 알고 건강도 좋지 않던 터라 일본에 있는 재산들을 다 버리고 고국으로 돌아와 시골에 정착하셨다는 말씀을 하셨다.

용감하게 이겨서 돌아오겠다고

맹세하고 나라를 위해 전쟁터에 왔으니
공훈을 세우지 않고는 죽지 않겠다.
진군 나팔소리 들을 때마다 눈앞에 떠오르는 깃발의 물결.
흙이나 초목도 붉게 타오르고
끝없는 광야를 밟고 헤치며
나아가는 일장기와 철모
말의 갈기 어루만지며
내일의 생명을 누가 알리오.

야영의 노래를 광기 어린 목청으로 불러대며 군에 입대하는 장정들을 역전 광장에서 격려하던 그 어린 학생들과 수많은 일본인들의 함성이 60년이 지난 지금도 귓전에서 사라지지 않고 있다.

일본인들은 아직도 야영의 노래의 한 구절인 "생각하면 오늘의 전투에서/ 피를 흘리면서도 생긋 웃고 죽어가던/ 전우가 일본천황 만세라고 남긴 소리를 잊을 수 있을까." 하고 외치며 세계재패의 꿈을 버리지 못하고 있는지도 모를 일이다.

— ≪책과 인생≫, 2005. 9.

대영박물관의 한국고서 한 권

최근 대영박물관 관장인 D. 윌슨 씨가 내한했다. 그는 대영박물관 안에 있는 도서관 자리에 1993년부터 3년간의 준비기간을 거쳐 약 350㎡ 정도의 한국관을 세울 계획이라고 했다. 외국에 있는 한국유물전시관으로는 가장 큰 규모의 한국관을 지어서 1850년께부터 영국으로 흘러들어간 1천여 점의 한국문화재와 또 새로운 소장품 등을 구입하여 명실상부한 한국관을 개관하겠다는 것이다.

대영박물관 측이 한국관을 설치하기로 한 것은, 지난 5년 동안 아시아권 문화재를 수리하는 과정에서 일본관과 중국관을 새로이 세우면서 한국관이 있어야 되겠다는 필요성을 느꼈기 때문이라고 한다. 이제까지 한국문화재는 중국이나 일본의 전시관에 함께 전시되어 그 그늘에 가려 비교하거나 구분하기 힘들었다고 한다.

나는 1997년 10월 5일에 대영박물관을 돌아볼 기회가 있었다. 연간 500만 명이 넘는 관람객이 몰려오고 있다는 그 엄청난 박물관을 구경하면서 나는 이 대영박물관 하나만으로도 영국다움을 전부 말해주고 있다는 느낌을 받았다.

박물관 규모가 하도 커서 책이 전시되어 있는 곳만을 찾아다니며 구경을 했다. 그곳에는 세계 유명인사들의 필적이 거의 망라되어 진열되어 있었다. 그리고 육중한 대영백과사전의 초판본부터 가죽으로 장정된 고본들이 서가를 가득 메운 한 귀퉁이에 일본도서와 중국도서가 전시되어 있는데 그 속에서 한국고서 한 권이 눈에 확 들어왔다.

'15세기 경에 발간한 금속활자본인 한국책'이란 설명이 붙어 있었다. 이 책은 1573년에서 1592년 사이에 갑인자로 찍은 ≪춘추경전집해春秋經傳集解≫라는 고서로 중국 오경五經의 하나인 ≪춘추春秋≫를 왕명에 의해 집현전에서 편찬한 30권 15책의 한적본韓籍本 중의 낱권이다. 중국이나 일본책들에 비해 크기도 크거니와 종이 질이나 인쇄며 제본에 이르기까지 모든 면에서 다른 나라 것과 비할 수 없는 군계일학감이라는 긍지를 나에게 주었다. 그러나 최초의 금속활자 인쇄국임이 분명한 한국의 고서전시관마저도 제대로 마련되어 있지 않고, 남의 나라 전시장 한구석에 책 한 권이 달랑 놓여있는 것을 보고 마음이 아팠다.

이제 나라를 선양하고 홍보하는 길은, 문화국가로서 얼마나 오랜 전통을 이어오고 있으며 또 얼마나 훌륭한 문화재를 많이 가지고 있느냐에 있다. 군사력이 강하고 국민소득이 높으며 땅이 넓고 인구가 많은 것보다 오랜 역사 속에 담긴 문화재를 소중히 보존하는 국가가 돋보이는 시대가 오는 것 같다.

대영박물관장 윌슨은 한국관 개설을 위해 1996년까지 100만 파운드(12억 원)를 모금하기 위해 한국에 왔다고 했다. 하루에도 세계 각국으로부터 2만 명이 넘는 관광객이 모여드는 대영박물관에 여느 나라 전시관 못잖은 훌륭한 한국관을 지을 기금을 내놓을 뜻 있는 독지가는 없을까.

— 〈세계일보〉, 1991. 7. 13.

내 평생 잊지 못할 일

충북 영동군 노근리 양민학살 사건이 일어났던 1950년, 그 해 여름은 무척이나 덥고 길었다.

6 · 25전쟁이 터지자 우리나라 남쪽에 위치한 여수항 나루 건너의 돌산이란 섬에도 군복을 입은 인민군이 들어왔다. 나는 그때 중학교 3학년이었다. 피란을 가지 않아도 될 나이였지만 1948년 여수에서 일어난 14연대 반란사건 당시 나이 어린 중학생들이 무고하게 희생당한 것을 체험한 뒤라 어머님의 성화에 못 이겨 피란을 갔다.

그곳에서도 부유한 집안 사람들은 모두 뱃길을 따라 임시 수도인 부산으로 피신했지만 그렇지 못한 사람들은 연고를 찾아 두메산골이나 외딴 섬으로 갔다. 나도 돌산섬 끝에 있는 신복리 작은 복골의 큰집으로 피란을 갔다.

그곳은 저수지 옆에 서너 가구가 사는 작은 마을이었다. 혹 인민군이나 내무서원들이 마을에 올까 싶어 낮에는 도시락을 싸서 지게에다 매달고 깊은 산으로 나무를 하러 가거나 바람이 불지 않고 맑은 날에는 낚시도구를 챙겨가지고 범선을 타고 고기잡이를 나가곤 하였다.

그러던 어느 날이었다. 8월 말이나 9월 초순쯤이었던 것 같다.

인근 마을로 피란을 오신 몇 분과 같이 낚싯배 한 척을 빌려 타고 먼동이 트기 전 바다로 나갔다. 그날따라 바람 한점 없이 쾌청한 날씨였다. 노를 저어 서너 시간 가니, 이곳저곳에서 몰려온 크고 작은 낚싯배들이 100여 척 넘도록 몰려들었다. 금오도 앞바다쯤이었던 것 같다. 우리들은 낚싯줄을 드리우고 조기 낚시를 하기 시작했다. 고기는 많이 낚이지 않았지만 태평양으로 탁 트인 시야가 움츠러들었던 마음을 확 트이게 하였다.

점심을 맛있게 먹고 낮졸음이 슬쩍 올 무렵, 제트기 한 대가 바다 해면을 스치듯이 지나갔다. 모두들 일어나 "대한민국 만세"를 불렀다. 거의가 공산군이 싫어 피란 온 사람들이라 미군기가 그렇게 반가울 수 없었다.

그런데 얼마쯤 있으니 3대씩 편대를 지은 제트기가 우리들을 향하여 총알을 퍼붓는 것이었다. 바다 표면은 하얗게 방울지고 배들은 침몰하였으며 사람들은 생전에 들어보지 못한 괴성을 지르는 등 순식간에 아수라장이 됐다. 나는 기총소사에 의해 바닷물이 뽀얗게 튕겨져 다가올 때면 해심을 향해 무자맥질을 했다. 그러다 비행기가 지나갔을 때쯤 되면 해면으로 올라와 심호흡을 하고, 또 비행기가 다가오면 자맥질을 하였다. 그리고 이름 모르는 작은 섬을 향해 헤엄쳐 갔다. 그러다 정신을 차려보니 나는 모래톱에 누워 있었다. 육지에 닿자 정신을 잃은 모양이다. 횃불을 든 사람들이 모여들고 여기저기서 곡성이 들려왔다. 그날 참으로 많은 사람들이 죽었다.

하지만 사건이 일어난 지 50년이 다 되도록 왜 미군이 우리에게 총을 쏘았는지 그 이유를 알지 못한다. 제대로 된 조사 한번 없었으니 애통한 일이다.

20여 년 전, 나는 그때의 이야기를 〈추상〉이란 제목으로 어느 신문에 발표한 일이 있었다. 그 수필을 읽고 한 여인이 만나자고 하여 만났다. 그 이지적인 여인도 또한 이 사건과 같이 잊지 못하고 있다.

— 〈한국일보〉, 1999. 10.

고향으로 띄우는 편지

남수 친구!

그 길고 혹심했던 폭우와 장마도 이제 지나간 것 같네. 자네 집 농사나 어장漁場은 피해가 없는지 궁금하네.

고향의 가을은 맑고 고요했지. 모든 것이 스치고 지나간 정적이 서늘한 고독을 느끼게 하는 계절. 해변가 모래사장에 그 많던 원색의 군상들도 자취를 감추고, 마지막 남은 포장마차 가게의 흰 천막마저 사라진 해변 그리고 하늘과 송림들은 원초를 찾은 모습 그대로겠지.

이때쯤이면 여름 내내 툇마루 밑이나 외양간에 쑤셔 넣어두었던 낚싯대를 꺼내어 손질을 하고 이깝(미끼)을 챙기지. 그래, 가을에는 노래미와 밀쨍이가 잘 물렸어. 나루곶이 근처에서 드리우기 시작한 낚싯줄이 물살을 따라 똥박끝을 거쳐 창나기

미쯤 가면 해가 저물지. 그러면 여수에서 부산 가는 마지막 연락선이 쌍고동을 울리며 해면을 가르고, 손에 잡힐 듯 가까이 보이는 오동도의 등댓불이 빛을 내뿜기 시작하지.

남수! 그 시절에 우리는 왜 그리 바빴는지 모르겠네. 저녁을 먹는 둥 마는 둥 K군 집에 모여서 초가을 밤이 으슥해지면 고구마 서리를 하러 나갔고, 자기 집 것이든 남의 집 것이든 그날 모인 친구들의 의견에 따라 서리 장소를 정했지. 그러나 어느 집 하나 고구마를 도둑맞았다고 법석대지 않았고 동네 개구쟁이들의 소행이거니 눈감아 주었는데…….

남수! 그런데 세상이 많이 변했다며? 여수와 돌산 사이에 연륙교가 놓이면서부터 담장이 없던 마을에 집집마다 높은 담이 쌓이고 그 위에 철조망까지 치게 되었다더군. 땅마지기나 있다고 위세를 부리며 빈둥빈둥 놀던 석이네는 벼락부자가 되고, 그렇게 근면하고 마음씨 좋던 용이네는 여천공업단지 등이 들어서는 바람에 고기가 잡히지 않아 어장을 하다 쫄딱 망했다면서. 자네도 20여 년 전 부모가 물려준 큰 과수원을 팔아서 사업에 손을 대었다가 재미를 보지 못하고 지금은 어장을 하고 있지 않은가. 과수원만 가지고 있었으면 갑부가 되었을 텐데 하고 후회할는지 모르지만, 그것이 전화위복인지 어찌 알겠는가? 옥이네집 보소. 벼락부자가 되더니 그 돈 나쁜 곳에 탕진하고 병을 얻어 병석에 누워 있으니 말이야. 자네도 불로소득으로 벼락부자가 되었으면 휘황찬란한 여수항의 환락가에 빠져들었을지 누가 알겠는가?

남수! 나는 자네가 모든 친구들이 다 떠난 내 고향을 40년 전 그때 그 모습으로 지켜주고 있다는 것이 얼마나 고마운지 모르겠네. 고향을 떠나온 초등학교 동창들이 이곳에서 매월 한 번쯤 모인다네. 고향에 사는 배재열 군은 천릿길 멀다 않고 매번 참석해주어 고향소식을 듣고 있네. 우리들이 헤어질 때면 망향에 겨워 꼭 〈여수찬가〉를 부른다네.

북쪽에는 종고산이 솟아 있고요
남쪽에는 장군도가 놓여 있구나.
거울 같은 바다 위에 고기 잡는 배
돛을 달고 왔다갔다 오동도 바다
아아! 아름답구나 여수항 경치

남수 친구!

나는 고향이 생각나면 자네가 매년 봄 보내준 천하일품 매실로 담근 가양주를 마시며, 철 따라 가사가 바뀌는 고향노래를 불러본다네.

— 〈국민일보〉, 1989. 8. 26.

추억의 땅

꼭 가봐야겠다고 벼르면서도 가보지 못한 곳이 몇 군데 있다. 그 중 두 군데는 현해탄 건너 일본에 있으며, 또 한 군데는 사무실에서 2, 30분이면 갈 수 있는 거리인데도 가보지 못했다.

몇 년 전에 나는 일본을 다녀올 기회가 있었다. 일본의 출판물 대형도매기구를 돌아보기 위한 시찰단의 일원으로 갔다. 공식일정 등 단체행동을 하느라고 바빴지만, 마음은 내가 태어난 고베神戸의 산노미야三宮라는 곳과 내가 다니던 오노大野 제일초등학교가 있는 사가미하라相模原라는 곳으로 달렸다.

공식일정이 거의 끝나갈 무렵, 일본서적출판협회에서 우리 일행을 저녁식사에 초대해주었다. 그 자리를 마련해준 사사키佐佐木 전무와 시게히사重久 사무국장과 대화를 나누던 중, 그 옛날 한촌이었던 사가미하라에서 어린 시절을 보냈던 이야기를 하면서 그곳에 꼭 한번 가보고 싶다고 했더니 시게히사 씨가 극구 말리는 것이었다.

지금 그곳은 내가 그리던 그 낭만이 깃들여 있는 추억의 땅이 아니라는 것이다. 그 맑은 물이 흐르던 개울은 모두 복개되었고 울창했던 동백나무도 다 베어지고 숯을 굽던 숯굴도 자취를 감추었으며 빌딩들만 들어차서 오히려 아름다운 추억에 상처를 줄 테니 가지 말라는 것이었다. 꼭 가보고 싶거든, 윤 선생이 글을 쓰신다니 그 잊을 수 없는 추억들을 남김없이 쓴 다음 이제 아무것도 쓸 것이 없다고 생각될 때 찾아가보라는 것이었다.

그곳을 찾기 위해선 단체행동에서 이탈해야 한다는 어려움도 있었지만 시게히사 씨의 말도 일리가 있는 것 같아 아쉬움을 남긴 채 귀국하고 말았다.

또 한 군데는 신촌에서 독립문이 있는 영천으로 넘어가는 고개의 오른켠에 있다는 봉원사다. 그곳을 한번 찾아가보리라 마음먹었지만 차일피일 미루다보니 세월이 많이 흐르고 말았다.

1971년 2월 12일, 나는 세칭 ≪다리≫지 필화사건으로 서울 서대문 구치소에 수감되던 날, 밤은 깊었는데 도무지 잠을 이룰 수가 없었다. 앞으로 어찌 될 것인가 하는 불안함과 영하 10도 이하의 혹한이 나를 더욱 번민과 초조에 시달리게 했다. 만감이 교차하던 그 기나긴 밤이 샐 무렵, 멀리서 목탁 소리가 들려왔다. 철창살 사이로 보이는 새카만 바위산 너머에서 들려오는 듯했다. 들떠 있었던 나의 마음이 차차 차분하게 가라앉는 것 같았다. 그리고 그 어느 인간들을 향해 타오르던 증오의 불길도 차츰 사라지는 것 같았다. 무엇 때문에 이곳에 왔는지 또 앞으로 어찌 될 것인지 하는 의문이 모두 풀리는 것 같았다.

"마음속으로 노여움을 모르고 세상의 흥망성쇠를 초월한 수행자는 이 세상과 저 세상을 다 함께 버린다. 상념想念을 남김없이 불살라버리고 마음속이 잘 정돈된 수행자는 이 세상과 저 세상을 다 함께 버린다. 마치 뱀이 묵은 허물을 벗어버리듯이……."

나는 이렇게 '수타니파타(부처님의 첫 말씀)'를 되뇌며 합장을 하였다. 그때 그 봉원사의 목탁 소리는 요즈음도 가끔 내 귀를 두드리는데, 봉원사를 찾겠다는 생각은 점점 망각 속으로 묻혀만 가는 것 같다.

— ≪동서문화≫, 1985. 9.

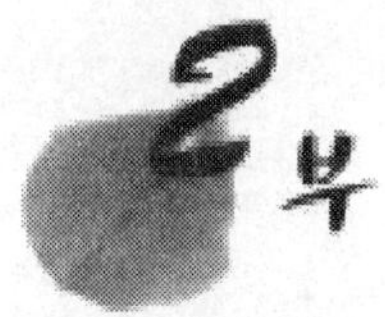

소록도 가는 길에

빵 한 조각의 인연因緣

탐욕

망해亡海

옷에 얽힌 이야기

10월의 바다

콩과 액운

경마競馬

5사상舍上 29방房

비명碑銘

소록도 가는 길에

기적소리가 없다. 잔뜩 멋을 부리며 목대를 쭉 꼬아올리고 가락을 길게 뽑던 수탉의 울음소리와 같은 기적汽笛이 없다.

기차는 움직이기 전, 몇 번이고 기적을 울렸다. 떠남의 아쉬움을 달래고 미지의 설렘을 잠재우려 기적은 울었다. 목이 쉬도록 울어대다 지친 듯 가느다란 여운을 남기며 기차는 움직였다.

나는 이런 증기기관차에 실려 몇 해 동안 통학을 하기도 하고 고향을 떠나 이역천리에서 타관생활도 하였다. 가슴 아픈 헤어짐도 기적이 울어대는 간이역에서 맛보았고, 즐거운 만남도 기적소리를 남기고 떠난 플랫폼의 전등 밑에서 맞았다. 두꺼비 같은 잔등에서 하얀 김을 내뿜으며 덜거덕거리며 출발하던 그런 기차는 사라진 지 오래다. 힘겹게 달리다 허허덕거리며 숨가빠하던 그런 기관차가 그립다.

기적도 없이 차창이 움직인다. 기차가 앞으로 간다기보다 빌딩이 뒤로 하나하나 밀리고 있다.

아침 7시 35분. 호남선을 타고 고흥반도 아래에 있는 소록도에 가기 위해 남으로 간다. 그 옛날 풍광風光이 아니다. 가도 가도 빌딩숲이다. 일본 도쿄東京에서 신칸센新幹線을 타고 한없이 달려도 인가人家가 그치지 않았다. 그 모습이다. 미국 뉴욕으로 달리는 기차의 차창에서 보았던 산덩어리 같은 쓰레기 더미와 거기에 운집한 수많은 갈매기떼, 그 영상이 스친다. 20여 년 전 이국에서 느꼈던, 인간이 자연을 무자비하게 침식하고 있구나 하는 생각이 오늘 내 나라에서 일어나고 있다.

철로변에 늘어선 기름탱크와 가스탱크의 맘모스 기둥. 두엄두엄 널려 있는 컨테이너의 철근덩어리, 육중한 시멘트 콘크리트로 이어지고 있는 고가高架도로, 하늘을 찌를 듯한 아파트 산맥山脈. 잠깐씩 푸른 산과 숲의 공간은 눈의 피로를 잠재워 준다. 평택을 넘어서자 논과 밭이 어우러진 들판이 가끔 시야에 닿는다. 어쩌다 숲이 우거진 야산野山 중턱을 포클레인이 무자비하게 파헤쳐 살갗에서 핏방울이 뚝뚝 떨어지는 것처럼 황토바닥이 새빨갛다.

한하운 시인이 며칠씩 걸려 걸었던 전라도 가는 황톳길을 나는 흑마를 타고 간다.

가도 가도 붉은 황톳길
숨막히는 더위뿐이더라.
낯선 친구 만나면
우리들 문둥이끼리 반갑다.
천안天安 삼거리를 지나도
쑤세미 같은 해는 서산西山에 남는데
가도 가도 붉은 황톳길
숨막히는 더위 속으로 절름거리며 가는 길
신을 벗으면
발가락이 또 한 개 없다.
앞으로 남은 두 개의 발가락이 잘릴 때까지
가도가도 천 리千里 먼 전라도 길

나는 이 〈소록도로 가는 길〉이란 부제가 붙은 〈전라도 길〉이란 시를 되뇌이며 차창 밖을 본다. 보리가 익어서 들판이 누렇다. 한하운 시인이 인간 세를 원망하면서 보리피리 불며 황톳길을 걸었으리라.

전주를 넘어서니 눈마저 시원하다. 이것이 얼마나 큰 자산인가. 호남 푸대접이니 경제부흥 사각지대니 소외지대니 하던 이 터가 이 나라 마지막 보고寶庫가 아닐까?

그러나 고흥읍을 지나 봉황산 건너편 야산에 쌓인 쓰레기더미를 보니 환경 공해병이 이곳까지 깊숙이 전염되었구나 하는 생각에 한숨을 자아냈다.

녹동에서, 우리는 서울에서 가져온 책 열 상자를 배에다 싣고 소록도로 건너갔다.

자연은 지상의 낙원인데, 이 땅은 어느 때부터인가 하늘이 벌을 내린 천형天刑의 땅이라 불리어왔다. 절망의 땅, 죽음의 땅 '천애天涯의 고도'로 불려져 왔다.

고흥반도의 땅끝에서 6백 미터 거리의 아름다운 섬. 사슴 모양을 닮았다고 하여 사슴마을이라 불리어진 천혜天惠의 섬이다.

특히 6천 평의 중앙공원은 갖가지 관상수로 잘 가꾸어져 있다. 극과 극은 그렇게도 가깝고도 먼 것인가. 문둥병으로 온 육신이 일그러진 그 육체들이 몸담고 있는 이곳의 지척간에는 세계에서 가장 아름답다는 공원이 나무와 꽃과 벌과 나비들의 에덴동산을 방불케 하고 있으니 말이다.

일제시대에 일본인 스호周防 병원장과 수간호장인 사토佐藤가 나환자들을 노예처럼 부려, 바위를 옮기기 위해 목도를 매면 허리가 부러져 죽고 목도를 놓으면 사토의 채찍에 맞아 죽는다고 하여 중앙공원 가운데 있는 큰 바위를 매바위라 불렀다. 그 매바위에 스호는 자신의 동상을 세웠으나, 얼마 후 그는 그 동상 앞에서 사열을 받다가 나환자에게 죽임을 당했다.

지금은 그 동상의 모습은 사라지고 동상 받침대만 남아 있다. 매바위에 한하운의 한 맺힌 절규가 새겨져 있다.

보리피리 불며
봄언덕
고향 그리워
피-ㄹ 닐니리

보리피리 불며
꽃청산
어릴 때 그리워
피-ㄹ 닐니리

보리피리 불며
인환의 거리
인간사 그리워
피-ㄹ 닐니리

보리피리 불며
방랑의 기산하
눈물의 언덕을 지나
피-ㄹ 닐니리

지금 이 소록도에는 평균연령 68세인 1천1백여 명의 나환자가 있다. 그리고 의사 · 간호원 · 관리직 등 230여 명이 그들을 돌보고 있다. 그런데 환자의 노령화로 치매증세마저도 심하여 초인超人이 아니면 견디기 힘든 간호의 자리를 지망하는 간호사들이 많다는 안내자의 말을 듣고 코끝이 시려왔다.

달구지를 끌고 해변가 모퉁이를 돌아가는 나환자가 눈에 들어왔다. 일그러진 모습에 전혀 표정이 없다. 뒤이어 하얀 옷을 입은 간호원이 숲이 우거진 오솔길로 사라진다. 그는 천사였다.

올해로 80년의 역사. 이 소록도의 역사만큼 쓰리고 아픈 역사가 이 지구상에 얼마나 있었을까? 분명 이 땅이 우리 모두의 천국이 될 날이 오리라는 희망이 파란 하늘가에 아지랑이처럼 피어올랐다.

— ≪수필공원≫, 1996. 가을호.

빵 한 조각의 인연因緣

을씨년스럽던 하늘이 저녁이 되자 눈을 펑펑 쏟아놓았다. 꼭 그날이 어제 같은데 헤아려보니 벌써 20년이 되었다.

당시는 왜 그렇게 증명조사가 심하였는지 모른다. 폐허가 된 서울거리의 모퉁이마다 검은 잠바나 정복을 입은 경찰들이 가두검문街頭檢問을 했다. 나는 학생이었지만 직장에 나가고 있었던 만큼 이중직업을 가진 기피자라 하여 동소문 파출소에서 동대문 경찰서로 넘겨졌다. 도무지 납득이 가지 않았다. 머리수만 채우기 위하여 잡아들이기 바쁜 그들에게 인신보호령人身保護令이 어떻고 죄형법정주의가 어떻고 한들 먹혀들 리가 없었다.

많은 젊은이들이 유치장으로 끌려 들어오고 어둠이 짙어지면서 함박눈이 내리기 시작했다. 내일이 크리스마스, 우리는 드리쿼터 위에 짐짝처럼 실렸다. 장충단공원 앞 비탈길을 넘어 이태원에 있는 6관구 사령부 기피자 수용소에 도착했다.

콘세트 막사 안 입구에 있는 드럼통 똥통 옆이 신입자의 자리다. 기간사병들의 앉으라는 성화에 좁은 틈을 비비고 앉으려니, 누군가 저쪽 고참자의 자리에서 "어이, 이리 들어와. 너 말이야." 하고 고함을 지른다. 나는 엄지손가락으로 내 얼굴을 가리켰더니 고개를 끄덕거린다.

그는 앉을 자리를 마련해주면서 들고 있던 쇼빵(식빵) 한 조각을 주는 것이다. 점심, 저녁을 굶어 몹시 배가 고프던 차에 단숨에 먹어치웠다.

그는 기독교 계통의 신문사에 다니고 있는 J라고 했다. 고향은 경상도 남해이며 한국신학에 다니다 형편상 휴학중이며 5일 전에 붙들려 왔는데 외부와 연락이 되어 내일이면 나갈 것 같다는 거다. 그 이튿날, 그는 호명되어 나가면서 몇 번이고 뒤돌아보며 꼭 친지들에게 연락을 하겠노라고 다짐했다.

나도 이틀 후에 풀려나게 되어 우리는 명동에 있는 '갈채'다방에서 만났다. 그리곤 그후 20여 년을 한결같이 우정을 나누며 살아왔다. 그러다 이즈막에 우리에게는 얄궂은 액운厄運이 휘몰아쳐왔다. 나는 ≪다리≫지 필화사건이라는 것으로, 그는 ≪한양≫지 사건이라는 것으로 옥고獄苦를 치렀다.

그 악몽의 기간을 우리는 서로 참고 달래며 살아왔다.

사람을 처음 사귀게 될 때는 대개 어떤 인연因緣으로 알게 된다. 그 인연은 필연에 의한 인연과 우연에 의한 인연과 기연奇緣이라는 것으로 구분된다. 그렇다면 그와 나는 형제도 친척도 동향인도 아니다. 그러니 필연에 의한 인연도 아니요, 친구나 동호인同好人들의 모임에서 순탄하게 소개받아 알게 된 것도 아니니, 분명 그와 나의 만남은 기피자 수용소의 빵 한 조각에 의해 맺어진 기이한 인연이라고 할 수 있다. 이런 기연에 의해 맺어진 우리는 또 많은 날을 살아갈 것이다. '고난을 같이 하면 친구로 사귀고, 명예를 같이하면 원수를 만든다.'는 옛말을 외워가며 말이다.

— ≪건강인생≫, 1974. 10.

탐욕

모처럼 한가로이 보낸 일요일이다. 일요일이면 거의 빠짐없이 애서가산악회 회원들과 함께 관악산 산행을 하거나 출판인산악회 회원과 북한산 등반을 한다. 어제는 경북 영천에서 둘째아이의 학사장교 임관식이 있어 그곳에 다녀온 후, 몸도 피곤하고 또 5개월간의 고된 훈련을 마친 둘째와 그동안 나누지 못한 이야기라도 나눌까 해서 일요일의 산행을 쉬었다.

그런데 어젯밤 찾아와서 잠까지 같이 잔 둘째의 친구들이 아침식사 후 차를 마시면서 자기네 전공인 한국화韓國畵에 대한 이야기를 나누다 둘째를 데리고 나가버렸다.

큰아이는 ROTC훈련을 받고 장교생활을 마쳤지만, 둘째는 그림을 전공한 데다 몸도 약해 가능하면 현역보다 방위 같은 것으로 빠졌으면 하는 것 같았다. 하지만 나는 남북통일이 하루속히 이루어져 군의 감축으로 병역제가 지원제로 바뀌면 몰라도 그렇지 않다면 현역근무를 하는 것이 온당하다고 생각해 왔다. 그런데 둘째는 군무를 짧게 마치려고 석사장교를 지망할 양으로 대학원에 다니던 중 석사장교 제도가 없어진다고 하여 금년초에 학사장교 시험을 쳐 합격한 것이다.

내가 군에 입대할 때나 지금이나 교묘하게 군복무를 피하거나 단축복무를 하려는 풍조는 변함이 없는 것 같다. 둘째놈은 다행히 마음을 고쳐먹고 군복무를 마치겠다는 각오가 되어 있어 무척 흐뭇했다.

아이들이 나간 뒤뜰로 나섰다. 장마끝이라 잔디가 잡초와 어우러져 앙상하게 자랐다. 잡초를 뽑고 낫으로 잔디를 한움큼씩 베었다. 풀포기 사이에 벌써 과꽃이 제 빛을 발하며 피기 시작했고 잔디밭 가장자리에 자리한 꽈리는 붉은 빛을 띠기 시작했다. 무심코 하늘을 올려다보니 하얀 구름 사이로 파란 하늘이 눈부시다. 벌써 여름도 익어가고 있구나 하는 생각이 들었다. 뜰에 심은 모과나무에 달린 모과도 주먹만 하고 감나무에 달린 감도 제법 모습을 갖추었으며 배는 봉지로 싸줄 만큼 커졌다.

그런데 지난 봄날, 그렇게 화사하게 꽃을 피우고 열매까지 맺었던 살구나무가 가을도 아닌데 잎이 떨어지고 가지를 앙상하게 드러내기 시작했다. 또 백일홍나무도 매년 오랜 기간 분홍꽃을 완상케 하더니, 올해는 꽃망울을 맺을 무렵부터 꽃대에 하얀 백분이 끼더니 끝부분부터 시들기 시작한다. 좁은 정원에 너무 많은 나무를 심었구나 싶어 후회를 했지만 때는 늦은 것 같다.

7년 전 집을 지을 때 나는 뜰에다 사계절을 상징할 수 있는 나무 서너 그루만 심으리라 생각했다. 맨 먼저 봄을 알리는 화사한 목련, 긴 여름 동안 꽃망울로 정원을 장식하는 백일홍, 가을풍취를 물씬 풍겨주는 감나무, 삭풍에도 푸름을 자랑하는 대나무 정도를……. 그런데 나는 해마다 욕심을 부리기 시작했다. 사과나무도 심고 대추나무, 배나무, 앵두나무, 살구나무, 단풍나무, 오엽송, 거기에다 과일나무와는 상극이라는 상나무도 몇 그루 심었다. 그러자 작년부터 나무들이 몸앓이를 시작하였다. 또 병충이 달려들고 잎말이병이 생기기 시작하더니 제대로 꽃 피우고 열매 맺지를 못한다.

나는 세상을 살아오면서 꽃나무나 내가 관계하고 있는 책에 대한 욕심은 탐욕이 아니라 선한 짓이려니 여기며 살아왔다. 유해한 글이 아니라면 가능하면 많이 쓰고, 나쁜 책이 아니면 많이 출판하고, 책이라면 신간이든 고서든 많이 사서 서가에 꽂거나 서고에 쌓아두는 것이 보람된 일이라 생각해 왔다. 집에 호화로운 가구가 없더라도 서가에 희귀본과 진본이 꽂혀 있고, 응접세트는 낡아빠졌지만 응접실 탁자 위에는 항시 신간 잡지와 단행본이 놓여 있으며, 옷과 신발 등은 값지고 세련되지 못하지만 책줄이나 읽고 있다는 자부심만으로도 대단한 검

약가로 자처해왔다.

그런데 오늘처럼 한가로운 일요일 오후에 서재에 앉아 있으려니, 내가 쓰는 한 편의 글이 혹 남에게 위화감을 주고 있지는 않는지, 또 내가 출판하고 있는 책들이 독자들에게 아무런 보탬도 주지 못하고 시간도둑이나 되고 있지 않는지, 또 내가 수집한 책들을 나만이 간직하고 있음으로써 꼭 보아야 할 사람들의 기회를 빼앗고 있는 것은 아닌지 하는 의문이 생기기 시작했다.

나는 나 나름대로 아이들 모두를 군에 보냈고 온 가족이 검소한 생활을 하고 있으며, 내 취미래야 등산과 정원가꾸기와 책에 묻혀 사는 생활이니, 이만 하면 책잡힐 만한 일은 하지 않았다는 자만을 갖고 살아왔다.

그런데 나는 오늘, 좁은 정원에 빽빽이 들어선 나무가 하나 둘 제모습을 잃어가고, 정리하지 못한 신 · 고서적이 서고에 쌓여가는 것을 보고, 그동안 나도 모르게 과욕의 늪에 서서히 빠져들어가고 있었구나 하는 것을 깨닫게 되었다. 1,200만 원짜리 호화식탁에서 밥을 먹는 과소비만을 탓할 것이 아니다.

금년 가을에는 정원수를 솎아서 옮겨 심고, 책도 소장 목록이라도 빨리 만들어서 이용자에게 편의를 제공하는 그런 마음가짐을 가져야겠다.

— 1989. 6.

망해望海

나는 항구에서 태어났다. 그 항구가 남의 나라 항구이긴 했지만 항구에서 태어났다는 것은 분명 큰 자랑이다.

1935년 음력 동짓달 보름날 바닷물이 만조滿潮인 아침에 나는 일본 고베神戶라는 항구에서 태어났다. 그곳에서 어린 시절 선창가를 거닐며 자랐고 굴뚝이 큰 화물선을 보며 꿈을 키웠다.

내 아버지의 고향도 바닷가이다. 여수항麗水港에서 두어 시간쯤 연락선을 타고 가서 종선從船을 갈아타고 내려야 하는 돌산突山이란 섬의 신복리 작은복골小福谷이라는 마을이 12대가 살아온 나의 고향이다.

그리고 외가도 같은 돌산 군내리 서편이라는 곳으로 해일海溢이 일고 파도가 치면 마루밑까지 바닷물이 밀려오는 해변가에 있었다. 큰댁은 농사와 김 양식을 하였고 외삼촌은 범선한 척에 생활을 걸고 사셨다.

내가 여덟 살 때 한국으로 건너와서 순천만에 접한 승주군 별량면 구룡이라는 곳에서 잠깐 산 적이 있다. 그곳엔 꼬막이 많은 갯벌이 있고 그 갯벌 위에 수많은 게가 기어다녔다. 그 게를 잡으려고 쫓아가면 재빠르게 옆걸음질쳐 뻘굴 속으로 숨어버린다.

간조干潮가 되면 그 길고 넓은 갯벌에서 우리들은 넘어지고 빠지면서 온갖 놀이를 하며 신나게 시간을 보냈다. 멀리 조그마한 돛단배라도 보이면 어쩐지 마음이 설레고 그 누가 선물을 한아름 안고 올 것 같은 환상에 공연히 가슴이 뛰었다.

해방이 되어 나는 여수항 바로 건너에 있는 나리곶이란 곳으로 이사를 했다. 그곳에서 나룻배를 타고 통학을 하면서 노 젓는 것을 배웠다.

나무판자를 붙잡고 짠물을 몇 모금씩 마시며 개헤엄부터 개구리헤엄, 배영背泳에 이르기까지 갖가지 헤엄치기를 익혔다.

해풍이 일고 날이 저물어 나룻배가 끊어지면, 옷을 벗어 책과 함께 보자기에 싸서 머리에 얹고 허리끈으로 질끈 매고서는 헤엄을 쳐 집으로 돌아온다. 집에 돌아와 책보를 펴보면 책도 옷도 모두 흠뻑 젖어 있지만, 그래도 바다를 건너 집에 돌아왔다는 것이 신기하고 자랑스럽기만 하였다.

나는 모든 것을 바다에서 배웠다. 숨바꼭질도 보물찾기도 그리고 참을성도 노여움도 모두 바다에서 배웠다.

어둠 속에서 밝음이 얼마나 절실한가 하는 것도 등댓불에서 배웠으며 인광燐光에 대한 이치도 바다에서 배웠다. 식물명도 해초海草의 이름부터 배웠으며, 동물명도 생선의 이름부터 배웠다. 원대한 꿈도 바다 저 멀리 보물섬 같은 것이 있으리라는 동경에서 키웠고, 내 육신의 성장도 노젓기와 고기잡이의 연속에서 자랐다.

아침햇살에 잘 낚이는 은빛 나는 밀쨍이, 오전 중에 낚이는 겁보같이 눈 큰 볼락, 뙤약볕을 피해 다니며 돌 틈 사이에서 날쌔게 나타나는 놀래미, 황혼이 짙어질 때 잘 낚이는 주꾸미, 어두운 밤에 뱀같이 비비 꼬며 올라오는 바다장어……. 이런 고기들의 먹이가 무엇인지 나는 잘 알고 있다. 어떤 고기는 새우를 먹이로, 어떤 고기는 지렁이로, 어떤 고기는 미꾸라지로, 고기에 따라 다르게 먹이를 던져주어야 한다.

바다는 또한 나의 사색思索의 고향이다. 수평선 위로 떠나가는 흰 돛단배엔 분명 미지未知의 연인이 타고 있을 것 같은 생각 때문에 충동적으로 바다 속으로 뛰어들기도 한다.

검은 연기를 내뿜으며 항구를 떠나가는 객선客船에는 돌아가신 아버님이 계실 것 같은 착각에서 바다를 향해 손을 흔들어본다. 그러나 바다는 말이 없다. 기쁜 일에도 슬픈 일에도 결코 바다는 말을 하지 않는다. 묵묵히 내 마음을 받아들일 뿐이다.

그 이끼 낀 파래처럼 정들었던 바다를 떠난 지도 어언 20년이 되었다.

불현듯 바다가 그리워지면 가까운 인천엘 간다. 그러나 그 바다는 내가 그리던 바다가 아니다. 가을하늘과 같은 바다, 잔잔한 자장가와 같은 바다는 결코 아니다.

나의 아버지가 똑딱선의 키를 잡고 황파荒波를 가르며 떠나간 바다도 아니며, 어머니가 김장거리를 씻던 바다도 아니다. 내가 게를 잡던 바다, 낚싯줄을 던져 놓던 바다도 아니다. 바다 위에 등댓불이 비춰주던 바다도 아니며 해변을 거니는 젊은이들의 노래가 들리던 바다도 아니다.

본연의 모습을 잃어버린 바다, 소리쳐도 메아리 없는 바다, 근대화의 폐수廢水만이 뒤덮인 바다. 그 바다를 바라보며 나는 무엇을 추스를 수 있을 것인가?

목쉰 듯한 쌍고동 소리가 그리워진다. 똑딱선의 불규칙한 프로펠러 소리, 그 모두가 그립기만 한 음향이다.

어떤 이는 현대인을 망향望鄕에 병든 무리라고 했다. 그렇다면 나는 망해望海에 병든 사람이 되고 싶다. 깃발을 높이 달고 오색 테이프를 휘날리며 징 치고 떠나가는 이름 없는 '나가시배'의 화장火匠이라도 되고 싶다. 그 넓고 넓은 바다가 자유로운 나의 영역領域이 된다면, 나는 이 순간이라도 훨훨 춤추며 그 바다로 떠나고 싶다.

끝도 없고 가도 없는 그 검푸른 바다 가운데에 서서 나는 목청을 돋우고 못다한 절규를 하고 싶다. 만세를 부르고 싶다.

— 1975. 11.

옷에 얽힌 이야기

이브가 무화과 잎으로 부끄러운 곳을 가린 때부터 옷의 역사는 시작된다. 민족에 따라, 계절에 따라 의상은 역사와 함께 숱한 변천을 거듭해왔다. "옷이 날개"라는 말과 같이 오늘날 우리가 입고 다니는 옷은 그 사람을 나타내주는 신분의 역할도 하고 있다.

나는 여기에 나 자신을 말해주었던 내 옷에 얽힌 이야기를 쓰려고 한다.

초등학교 6학년 때의 일이다.

해방 직후인지라 오랜 일제日帝의 질곡桎梏에서 풀려난 탓인지 사회는 한없이 해이解弛해져 있었다.

초등학교의 수업도, 교과서도 변변치 않고 선생님도 부족하여 여러 반이 합반하는 등 참으로 무질서했다. 우리 또래 아이들은 학교 가는 도중에 구슬치기 · 돈치기 등으로 시간을 보내고 중도하학下學을 하는 일이 한두 번이 아니었다.

그런데 어느 날, 으스름한 초저녁에 신申이라는 친구가 찾아왔다. 우리 마을에서 4킬로쯤 떨어진 쇠머리라는 마을에 좋은 판이 벌어졌으니 가자는 것이다.

그날은 초겨울 날씨치고는 쌀쌀했다. 그래 며칠 전 어머님이 손수 지어주신 반코트를 입고 어두운 산길을 따라 그 마을에 갔다. 다 쓰러져가는 초가집 골방, 가운데에 희미한 등잔불을 둘러싸고 우리보다 서너 살 위인 듯한 사람들이 화투를 치고 있었다. 신이란 친구도 그들과 어울렸다. 첫닭이 울 무렵, 그는 돈을 모두 잃어버렸다.

그는 내가 입고 있는 반코트를 잡혀서 몇 판만 하면 돈을 찾을 수 있다고 장담을 하는 바람에, 나는 하는 수 없이 빌려주고 말았다. 그러나 먼동이 틀 무렵 코트도 돈도 다 잃고 난 우리는 맥없이 덜덜 떨며 숲이 우거진 산길을 따라 집으로 돌아왔다.

30여 년 전 이야기인데, 어제 갑자기 그 신이란 친구가 우리 사무실로 찾아왔다. 원양어선을 타고 있다는 그 친구의 검은 얼굴에서 나는 그때 등잔불에 그을린 그 새까만 코와 검은 반코트 생각이 불현듯 났다. 그런데 그 친구는 "어머님은 잘 계시니?" 하고 묻는다. 나는 작년에 돌아가신 어머님의 영상이 그 새까만 반코트 위에 겹쳐져 긴 시간 말을 잃었다.

6·25동란이 일어나 군복이 범람하기 전까지, 그러니까 내가 중학 3학년 때까지는 모두들 무명옷을 입었다. 어머님이 쌀풀을 먹여서 숯다리미로 정성스레 다려주신 바지는 하루도 못 가서 무릎이 일곱 달쯤 된 임신부妊娠婦의 배처럼 불룩하게 나온다. 그러면 밤에 요 밑에 깔고 잔다. 혹시 잠버릇이 나빠 뒹굴다보면 엉망이 되므로 조심스럽게 자야 했다. 그렇게 칼날 같은 바지주름을 잡는 것을 '네지끼'라 하였다. 얼굴에 여드름이 한두 개 나기 시작하면 '네지끼' 작업은 더욱 심해지게 마련이다.

그 무렵 나에게는 누구도 감히 입어볼 수 없는 교복 한 벌이 있었다. 아버님이 입으셨던 검은 세루Serge 양복을 개조改造한 교복이었다. "옷이 날개"라는 말을 실감할 수 있었다. 여수에서 순천까지 기차통학을 하였는데, 상급반 여학생도 많았다. S니 B니 하는 언니·동생 삼는 풍조가 성행하던 때라, 나에게 동생 되어주기를 바라는 누나뻘 여학생도 있었다. 무엇으로 보든 나는 동생감으로 적격이 아니었고 보면, 아무래도 세루지 교복 때문이 아니었던가 싶다.

이제 그 여인들은 요즘 유행하고 있는 고급 저지Jersey나 멋있는 모직으로 몸을 싸고 살 것이며 세루 교복의 애송이 남학생을 잊은 지도 오래되었으리라.

휴전 무렵, 학생복지로 국산인 밀양 서지라는 것이 나왔으나, 그 옷 한 벌 입어보지 못하고 휴전 이듬해 서울로 올라왔다. 대학생이 되면 모두들 양복 한 벌쯤은 맞춰 입었지만, 나는 그럴 형편도 못 되어 남대문 군복시장에 가서 염색한 군복 시보리 잠바와 서지 바지 그리고 카키복 한 벌을 샀다.

그런데 입학식을 마친 초봄 어느 날, S여대에 입학한 Y라는 여대생으로부터 한번 만나자는 전갈이 왔다.

약속한 그날, 날씨는 화창하였지만 아직 카키복을 입기에는 좀 추운 날씨였고 시보리 잠바를 입고 나가기에는 좀 더운 날씨였다. 나는 몇 번이고 창밖의 하늘을 보면서 옷을 번갈아 입어보았다. 차라리 눈이나 비가 왔으면 하고 바랐지만 북한산 쪽에 희미한 자운紫雲이 조금 끼어 있을 뿐 비는 올 것 같지 않았다. 약속시간이 훨씬 지난 무렵 차라리 가버리고 없었으면 하는 생각을 하며 찾아갔는데, '전원田園'이란 뮤직홀 안에 그녀는 다소곳이 기다리고 있었다.

화려한 의상에 능숙한 화술話術의 그녀와 많은 얘기를 나누었는데, "수녀가 되겠다."던 그녀의 말과 "법관이 되겠다."고 한 나의 얘기가 지금도 기억에 새롭다.

지금은 그녀도 결혼하여 일본에서 행복하게 살고 있다고 한다. 그녀가 수녀가 못 되었듯이 나도 법관은 되지 못하였다. 비록 돈과 명예는 얻지 못하였어도 〈다뉴브강의 잔물결〉을 같이 듣던 그녀에게 밤색 싱글에 붉은 무늬 넥타이를 맨 멋진(?) 나를 보여주고 싶다.

오늘 날씨가 그때 남영동 굴다리를 지나 '전원' 뮤직홀을 찾아가던 날씨하고 같다. 춘추복을 입기에는 이르지만 코트는 벗어야 할 그런 날씨다.

— 1974. 4.

10월의 바다

나는 계절의 변화를 바다에서 느끼면서 자랐다.

하늬바람에 밀려온 군함 같은 파도가 기암에 부서지면서 하얀 비말飛沫이 '똠박끝'에 뿌려지면 겨울이 깊어가는 것이다.

봄은 성난 파도가 가라앉은 잔물결 위에 자장가처럼 내리는 세우細雨의 달램으로 잠들며, 여름에는 먹구름이 몰고 온, 취우驟雨로 바다가 고동치기 시작한다. 태양이 작열하기 시작하면, 해수욕장 주변은 광란의 해변으로 변하고 만다.

그러나 가을의 바다는 쓸쓸하게 한 계절을 보낸다. 풀숲에서 들려오는 벌레 소리가 더욱 쓸쓸하게 들리고, 검푸른 바다 위에 떠 있는 범선의 돛이 소복한 여인의 치마폭인 양 나부낀다.

내가 살던 마을 너머에는 돌산 해수욕장이란 조그마한 모래사장이 있다. 관광용 지도에도 표시가 없어서 먼 곳에선 찾는 이가 드물지만, 성하盛夏의 한철에는 인근 도시에서 몰려드는 피서객으로 제법 붐빈다.

그 바람에 여름이면 이곳 아이들은 '고향'을 잃어버리고 만다. 아이들은 늦봄부터 굴 껍데기와 돌멩이들을 치우고 가꾸어놓은 모래사장과, 수영을 한 뒤 바닷물을 헹구기 위해 파놓은 우물을 빼앗긴다. 또한 야외용 텐트나 호화스러운 수영복들의 위세 때문에, 아이들의 마음도 한없이 위축되게 마련이다.

우리는 다른 장소를 물색한다. 조선소 돌담 위에다 옷을 벗어놓고 바다에 뛰어들어 놀이터를 빼앗긴 분노를 달랜다.

입추가 지나고 나면 텐트도 수영객도 어디론가 사라지고 발가벗은 해동海童들이 자기네의 왕국을 다시 찾은 듯 해수욕장으로 몰려든다. 이때가 되어야 우리들은 간신히 우리 것을 되찾기 시작한다.

마을의 뒷동산과 오솔길과 해안海岸 등 모든 것이 본래의 모습으로 돌아오고, 지금까지 눈에 잘 띄지 않던 마을사람들의 모습도 대하게 된다.

바다 빛깔은 하늘빛을 닮아 맑다. 그 맑은 물 속에서 오랜 시간 숨바꼭질도 하고 잠수도 하며 청각, 미역 등의 해초도 뜯고 해삼, 게 등을 잡는다.

이렇게 오래도록 물 속에서 지내다 나오면 몸이 떨린다. 으

스스 추워오는 한기를 땡볕에 달구어진 바위에 엎디어 녹인다. 그리고 한유객閑遊客들이 모래찜질을 하느라 파놓고 간 모래구덩이에 누워 흘러가는 구름을 눈으로 잡는다.

한동안 위세를 떨치던 폭양도 쇠잔해지고 해초의 잔해殘骸들이 물결에 쓸려 해변으로 밀려오면 9월도 깊어간다. 한여름 동안 광분에 휩싸였던 열기도 어디론가 사라지고 지난 여름의 미련 때문에 다시 찾은 젊은 남녀의 모래 발자국도 하나하나 모래톱을 핥는 파도에 지워진다. 모래사장에 버려진 납작한 돌멩이를 주워 해면 위에 힘껏 던지면 수면을 차며 날아가는 제비처럼 파문을 그리며 멀리 뻗쳐간다.

10월이 되면 동네사람들의 발길도 끊기고 널려졌던 한여름의 잔흔殘痕인 쓰레기마저 파도에 쓸려나가 그 흔적을 찾을 수 없다. 이곳저곳에 파놓았던 모래구덩이도 메워지고 간조선干潮線에 널려 있는 자갈에는 파릇파릇한 파래가 자라나기 시작한다.

10월의 모래사장은 어느 때보다도 깨끗하여 그 위에 말 못할 사연을 썼다가 지워버리기도 하고 모래집을 지어놓고 달콤한 꿈에 잠기기도 한다.

동네 앞 선창에는 한여름 동안 놀잇배로 전락해버렸던 주낙배들이 다가올 낙지 주낙 준비를 위해 돌아오고, 멀리 해면 위를 오가던 갈매기 소리도 가깝게 들리기 시작한다.

10월에 듣는 해조음海潮音은 칸초네Canzone인 〈사랑의 노래〉처럼 애절한 곡이라 할까, 〈소녀의 기도〉처럼 희원希願의 리듬이라 할까!

나는 이 조수潮水의 흐름 소리를 들으며 바다 가운데로 밀려난 '똥박끝 바위'에 앉아 낚싯대를 드리운다. 수심 깊이 바닷말, 미역, 청각 등의 해초가 나풀거리고 그 사이로 고기가 노닌다. 눈이 큰 볼락, 은빛을 발하는 병어, 고운 옷을 입은 각시고기, 날쌔게 돌 틈으로 숨는 놀래미, 낚싯밥만 따먹어치우는 복쟁이……. 내 앞 바닷물 속은 곧 용궁의 수족관이다.

낚싯대를 드리운 채 수평선 위로 눈을 돌린다. 끝없는 바다 위에 몇 척의 똑딱선과 부산으로 떠나는 연락선이 크고 작은 물이랑을 일구며 지나간다.

그 너머 남해섬도 이때면 훨씬 가까워 보인다. 소리쳐서 부르면 누구인가 싸리문을 열고 나올 것같이 30리의 거리가 가깝게 느껴진다. 훌쩍 뛰면 안길 듯싶은 녹음이 뒤덮인 오동도, 손쉽게 잡힐 것 같은 자산공원, 모두가 10월의 맑은 바다를 사이에 두고 있기 때문일까!

눅눅하고 습기에 찬 동남풍도 어느덧 상쾌한 서북풍으로 바뀌고 여름 동안 소나기를 담아오던 먹구름도 한여름의 햇볕에 마전되었는지 하얀 솜털처럼 바다 위를 흘러간다.

10월의 바다는 나 홀로 즐기는 바다다. 선창에 매어놓은 조그마한 돛배를 타고 조류 따라 바람 따라 흘러간다. 썰물에 밀리면 오동도 앞을 지나 아기섬이 보이는 동해 쪽으로 흘러가고 밀물에 밀리면 장군도 목을 지나 경도鏡島를 거쳐 황해 쪽으로 밀려간다.

나는 이 배 위에서 노을을 본다. 바다는 고요히 불붙기 시작하고 그 붉은 빛깔은 바다 깊숙이 침잠沈潛한다.

그러나 오동도의 등대 불빛이 해면 위에 드리우면 10월의 바다도 저물어가고 한결 영롱해진 밤하늘의 별들이 바다와 밀어를 속삭이게 된다.

— 1975. 10.

콩과 액운

콩의 뿌리엔 뿌리혹박테리아라는 것이 있어서 공기 중의 질소를 빨아들여 암모니아염을 생산, 흰자질을 합성한다. 이것이 다른 식물과 크게 다른 점의 하나일 것이다.

콩을 재배하게 되면 땅이 비옥해진다. 그러므로 다른 식물의 연작連作으로 인해 생기는 땅의 박토화薄土化를 막을 수 있다. 다른 작물作物을 심고 나서 다음해에 심는 것은 그 같은 이유에서이다. 콩의 뿌리에 있는 뿌리혹박테리아가 땅에 그대로 남기 때문이다.

콩에는 또한 단백질이 많은데, 단백질은 동식물 세포의 원형질原形質의 주성분으로 생명의 기본적 구성물질이며 인체를 형성하는 데 그 비중은 거의 절대적인 것이다. 그러므로 콩과 인간의 관계는 불가분의 관계로서, 인간생활에 있어서 없어서는 안 되는 식물이며 또 타식물에 피해를 주지 않는다 하여 은혜로운 식물로 일컬어지고 있다.

이 은혜로운 콩이 나에게는 마냥 액운을 수반하는 상수常數로서 어떤 함수관계函數關係로 이어져왔으니, 생각하면 묘한 아이러니가 아닐 수 없다.

해방되던 한 해 전, 열 살 때의 일이다. 그러니까 1944년 4월, 제2차 세계대전이 막바지에 달할 무렵이었다. 아버지의 병세가 악화되어 죽어도 고향땅에 묻히겠다는 완고하신 고집 때문에 우리 가족(3인)은 항시 그리던 모국에 돌아왔다.

어린 마음에도 "조센징 닌니쿠 쿠사이(조선놈은 마늘 냄새가 독하다)"라고 그렇게도 경멸받던 일본땅을 버리고 내 조국, 내 고향으로 간다는 것이 그렇게 기쁠 수가 없었다.

찾아간 고향의 큰댁, 반겨주는 조부모님과 백부모님들. 그러나 그곳에서 나는 생후 처음으로 "먹지 않으면 죽는다."는 것을 실감하게 되었다.

아침 저녁으로 나오는 콩깻묵밥. 농사를 지어놓은 쌀과 보리는 모두 왜놈들에게 강제로 공출당하고 소나무 껍질 안에 있는 하얀 속껍질을 벗겨와 조나 수수를 조금 섞어서 지은 송기밥, 쑥에다 잡곡을 섞어서 지은 쑥밥……. 그 중에서도 영양가가 있다고 콩기름을 짜고 내버린, 지금은 가축의 사료飼料로도 쓰지 않고 거름으로 쓰는 콩깻묵에다 잡곡을 섞어 지은 콩깻묵밥을 나는 몇 달인가 먹으면서 몇 번이나 밥숟갈을 멈추고 눈물을 흘렸는지 모른다.

자유당 말기 어느 날, 공군에 지원하기 위하여 공군병원의 영관급 되는 분에게 추천을 받으려고 노량진역에서 기차를 타려다가 불심검문을 당하였다. 병역기피자라는 것이다. 마구잡이로 인원수만 채우려는 그들에게 조회照會를 해달라는 등 순리에 맞는 설득과 요구가 통할 리 없었다.

노량진 역전 파출소, 영등포경찰서를 경유하여 집결지인 수송초등학교에 집합이 되었다. 그곳에서 나는 병사구사령부에서 나온 심사관들에 의해 병역기피자가 아니라는 것이 확인되었으나, 아는 친구들도 있고 육군이 타군보다 단기복무이며 또 내친걸음이니 가자 하고 지원해버렸다.

화물차에 시달리며 첫 번째 닿은 곳이 논산 수용연대, 거기서부터 나는 복무생활을 마칠 때까지 머리는 작고 발은 20센티미터가 넘는 '도레미파탕'을 타의에 의하여 식탁의 고정메뉴로 정하고 말았다.

이유 없는 멸시, 반항할 수 없는 기합, 염치 없는 요구, 그 혼란의 합주合奏 속에서 콩나물국의 도레미파탕은 음계音階와도 같은 것이었다.

또 하나 콩과의 기연奇緣인 식구통食口通의 콩밥. 나는 지난

해 늦겨울에 월간 ≪다리≫지 필화사건으로 어두운 밤에 서대문 국립호텔(?)의 철창신세가 되었다.

아홉 자 높은 천장에 매달려 있는 15촉짜리 불빛에 비친 사방 벽에는 무수한 달력들이 그려져 있었다. 죄수들이 출옥의 날을 기다리며 손톱이나 나무젓가락으로 그려놓은 혈흔血痕인 것이다. 그 사이사이로 복수에 찬 글귀와 사랑의 시가 씌어져 있는가 하면, 유독 '유전무죄, 무전유죄有錢無罪, 無錢有罪'라는 구절이 희미한 불빛에 돋보였다.

얼마 후 나팔소리가 들려왔다. 외기러기 단장斷腸의 애소哀訴 같은 아침나팔 소리의 여운은 나로 하여금 먼 옛날을 회상케 하여 주었다. 아직 칠흑 같은 밤인데도 기상나팔 소리가 들리자, 교도관의 점검이 있고 이어 사방 20센티미터의 식구통이 열리면서 콩밥 한 그릇이 들어왔다.

나는 이 콩밥을 날이 갈수록 친숙도親熟度를 더해가면서 100여 일 간이나 먹었다. 그 회한 많은 지난날을 되씹듯이 말이다.

이렇게 보면 내게 있어서 콩은 은혜의 식물이라기보다는 액운과 너무나 깊은 상관관계를 맺어온 식물인 셈이다. 액운을 뿌리혹박테리아가 새로운 고통의 암모니아염으로 바꾸어두었다가 내게로 전하는 것 같다. 그렇다고 나는 콩깻묵으로부터 인연을 맺어온 콩을 이제 와서 버리고 피할 생각은 추호도 없다.

콩깻묵밥과 도레미파탕, 식구통의 콩밥, 그것들은 실로 나에게서 빼놓을 수 없는 이력履歷의 메뉴들이며 수난受難의 증거인 것이다.

이제 콩이 어떤 모양으로 변해서 나를 찾아오든 도리어 나는 환대歡待할 생각이다.

액운을 자초하여 액풀이를 한다는 미신 같은 생각에서라기보다는 또 하나의 수난을 감내堪耐하기 위하여 나는 오늘도 순두부백반으로 한 끼의 점심을 때우고 있다.

— 1972. 7.

경마競馬

요사이도 가끔 일요일 오후면 뚝섬에 있는 경마장을 찾는다.

일요일이면 곧잘 다니던 등산도 사무실 일이 바빠지면서 다니지 못한 지 꽤 오래된 듯하다. 산정에 오르기에는 너무나 가파른 천마산, 기암괴석에 항시 경탄을 금할 수 없는 도봉, 어느 곳 하나 추상追想이 깃들이지 않은 곳이 없는 수락水落, 그 많은 산과 때때로 변하는 자연의 모습을 대하지 못한 지도 몇 년이 지난 것 같다.

가고 싶은 곳엘 가지 못하게 되면 아무 곳에도 가지 않아야 되는 줄 알면서도 대강 일을 마치면 좀이 쑤신다. 도심의 빌딩 숲을 빠져나와 시원한 바람이라도 쐬며 도박을 한번 해보고 싶은 충동이 가슴을 친다.

버스를 타고 가기에는 어쩐지 마음이 바쁘다. 택시의 창문을 활짝 열고 고가도로를 타고 뚝섬을 향해 달리면 바람은 시원한데 마음은 초조해진다. 마지막 레이스가 끝나버렸을 것 같은 생각, 앞에 달리는 차 번호판의 첫째와 둘째 숫자의 마권馬券을 사면 많은 배당을 받을 것 같은 생각이 더욱 마음을 설레게 한다.

경마장 입구에 달하면 일렬횡대로 즐비하게 늘어서 있는 예상표 판매소에서 예상표 한 장을 산다. 아직 11경주 중에서 8경주의 경기만 끝나고 3경주가 남았다. 150원을 내면 입장권과 출마표出馬表가 나온다.

마장馬場에는 다음 경주에 뛸 마필 예닐곱 마리가 경마꾼에게 선을 보이며 타원형으로 돌아가고 있다. 오른편 게시판에는 출전할 기수騎手의 이름이 씌어진 현판이 붙어 있고 많은 사람들은 마장에 둘러서서 눈과 입으로 다음에 뛸 말에 도박을 건다.

매표소 앞에서 나는 잠시 망설이게 된다. 단승식單勝式 마권을 살 것인가, 복승식複勝式 마권을 살 것인가. 그렇지 않으면, 가장 확률이 낮으면서도 배당이 많은 쌍승식雙勝式 마권을 살 것인가? 기분이 좋고 주머니 사정이 괜찮으면 쌍승식 매표소 앞에서 서성거리게 되고, 그렇지 않으면 안전성이 있는 복승식 매표소에 가서 마권을 산다.

단승식이 가장 맞추기 쉽지만 그것은 초보자나 서투른 사람들이 하는 게임 같아서 마음이 내키지 않는다.

돈이 좀 있는 날이면 한 장에 1,000원 하는 종합권綜合券을 사지만, 그런 경우는 드물고 으레 100원짜리 마권을 몇 장 사 놓고 요행을 꿈꾼다.

마감 3분 전, 1분 전, 하고 전광판電光板의 숫자가 바뀌면 공연스레 마음이 급해진다. 마감이 되어 매표소 앞을 지나쳐 나오자면 어쩐지 꼭 사야만 할 마권을 사지 못한 것 같아 마음이 허전하다.

모든 사람들이 스탠드로 몰려든다. 그리고 말이 발주대發走臺를 떠나는 시간까지 많은 예상들이 풍성하게 입에서 귀를 거치며 한없이 맴돌기 시작한다. J기수가 말채를 높이 들었으니 꼭 1착이 될 것이라느니, H기수가 '부르진'을 탔으니 적어도 2착은 할 것이라느니 억측과 예상은 한없이 번져간다.

매상고賣上高가 기재된 게시판이 높이 치솟고 나면 또 한 번 경마꾼들은 웅성거리기 시작한다. 총매상이 300만 원이니 400만 원이니, 1 · 2가 2,000장 팔렸느니 3 · 4가 아나(일본어: 구멍)라 들어오기만 하면 배당이 좋겠다느니 하는 사이에 벌써 경주마競走馬들은 발주대를 떠나 달리기 시작한다.

선주마先走馬라 출발이 빠르지만 뒤에 가선 처지는 말이 있고, 추입마追入馬라 뒤져 달리다가 마지막 코너를 돌면서 신바람나게 선두로 골인하는 말도 있으며, 선주를 그대로 고수하는 말도 있다.

어느 말은 1800미터를 1분 56초에 달리는가 하면 어느 말은

2분 3초에도 달리지 못하고 중간에서부터 맥이 빠져 터벅터벅 들어오기도 한다.

경주가 시작되면 전광판電光板에 달리는 말의 번호가 기재된다. 5번 마가 앞서는 듯하다간 또 3번 마가 앞서고, 다시 2번 마가 앞서는가 하면 1번 마가 추월하는 시소는 곧 생존경쟁의 인간사를 방불케 한다.

어느 말은 1 · 2마신馬身씩 앞서 골인하기도 하고 어느 말은 코를 걸고 1 · 2차나 2 · 3차를 다투기도 한다. 이렇게 하여 자기가 산 마필이 승자가 되면 좋아서 발을 구르며 환호성을 발한다. "야, 1 · 2다, 1 · 2다!" 부끄러움도 잊은 듯 광기 섞인 음성으로 고함을 지른다.

드디어 환급금판還給金板에 배당금이 기재된다. 적을 때는 맞배당이라 하여 100원권 마권에 200원 정도가 배당되지만 많을 때는 100원권 배당에 3,000원이나 5,000원이 나오는 경우도 있다. 총매상액에서 마사회馬事會 운영비, 세금, 방위세 등 30퍼센트를 공제한 70퍼센트를 가지고 이긴 사람에게 환급해주는 것이다.

중간에 돈이 떨어져 쓸쓸히 돌아가는 사람도 있지만 거의 모든 사람들은 마지막 레이스에까지 기대를 건다. 〈마사신보〉나 〈경마 다이제스트〉 등의 예상표를 참작하고 전회의 기록 등을 통계내어보기도 한다. 그리고 기수가 말을 타고 나가는 모습 등을 보며 살 마권의 번호를 결정한다.

3, 4년 전만 해도 나는 경주마의 이름을 곧잘 외웠다. 묘향산, 물레방아, 나폴레옹 등. 그리고 그 말들의 최고기록도 기억하고 있었다. 그러나 요즈음에 와서는 말 이름이 부르진, 링고, 샤레이드 등 외우기도 힘든 외국어로 바뀌어서 친근감도 덜하며 기록도 아주 저조한 것 같다.

들뜬 마음으로 어영부영 마지막 레이스까지 보고 나면 해도 서산으로 기운다. 경마장 앞 골프장 여기저기에 깔려 있던 골퍼나 캐디의 모습도 사라지고 싸늘한 밤바람이 넓은 벌판을 휩쓸기 시작한다. 그러면 그 작고 큰 종이들이 바람 따라 이곳 저곳으로 휘날린다. 넓적한 예상표와 1,000원짜리의 종합권에서 100원짜리의 보통 마권에 이르기까지 그 많은 지폐紙幣의 잔해殘骸들이 뒹굴기 시작한다.

이 많은 종이의 휘날림 속에서 많은 사람들의 인생을 읽는다. 아침에 아내에게서 몇 푼의 돈을 타가지고 나온 사람, 직장에서 가불을 해 나온 사람, 퇴직금을 탄 돈을 가지고 나온 사람, 집 판 돈을 가지고 나온 사람, 두세 해 전에는 그렇게도 말쑥하던 신사가 왜 저렇게 초라해졌을까 하고 느껴질 정도로 초췌해진 사람들을 보며 나는 인생이란 것을 생각한다.

인생이란 출마표도 예상표도 없이 달리고 있는 말과 같다고. 그리고 또한 승부를 예측할 수 없는 경마장의 마권이라고…….

— 1975. 12.

5사상舍上 29방房

5사상 29방. 벌써 10년이란 세월이 흘렀는데 아직도 잊히지 않는 곳이다.

서대문구치소 영내 중간쯤에 위치한 회색 건물 2층, 동편으로 가장 끝방. 일제하에는 그 방에서 많은 독립투사들이 영어囹圄의 생활을 하였다고 한다. 심지어는 이승만 박사와 조봉암 선생도 그 방에서 옥살이를 하였다는 말을 들은 것 같으나 그것은 그 방의 명성에 일종의 프리미엄을 붙이려는 내 허세일는지도 모른다. 그러나 유명한 영화배우가 사랑 때문에 갇혀 있었다든지 이데올로기의 희생이 된 많은 사람들이 그 방을 거쳐 간 것만은 사실인 것 같다.

그 방은 사람의 오고 감이 가장 덜한 감방이다. 제일 서편에는 목욕탕이 있고 그 다음부터 1방이 시작되는데 14방과 15방

사이엔가에 아래층으로 내려가는 층계가 있다. 그 층계가 있는 복도 한복판에 책상 하나가 놓여 있고 그곳엔 항시 교도관이 앉아 있었다. 오른쪽 끝방인 29방은 여러 곳에 있는 사람들이 면회를 간다거나 출정을 할 때도 지나는 일이 없는 가장 후미진 곳이다. 나는 그곳에서 100여 일이란 나날을 홀로 사람을 그리워하며 지냈다.

나는 독립투사도, 사랑하지 못할 사람을 사랑한 죄인도, 또 국가가 용납하지 못할 사상을 가진 자도 아니었다. 단지 어느 문학평론가가 학생들의 현실참여 문제를 다룬 글 한 편을 내가 주간으로 있는 잡지에 게재하였다는 일 때문에 어처구니없게도 그 방에 갇힌 몸이 되었다.

깜깜한 밤중에 철창문이 열리고 누구의 손엔가 떠밀리어 들어간 그 방을 나는 왜 대선사의 좌선장坐禪場인 양 잊지 못하는 것일까?

그 심한 혹한도 막아주지 못한 창틀에 걸려 있는 너풀너풀한 비닐 조각.

아래층으로 곧바로 떨어지는 대소변관을 통해 올라오는 역한 냄새, 온 벽에 빼곡한 틈도 없이 이곳저곳 써놓은 증오의 글발들—.

나는 그 벽 위에 내 키에 맞추어 선 하나를 긋고 거기다 담당 검사의 이름을 써놓았다. 그러곤 그 선을 향해 발차기 운동을 시작하였다. 옥살이를 하는 동안 건강을 유지하기 위한 수단이기도 했지만 추위를 떨쳐버리기 위해선 가능한 한 몸을 많이 움직여야 한다고 생각했다.

복도를 통하여 야릇한 냄새가 스며든다. 소금에 절인 배추나 무잎을 끓인 해괴망측한 국 냄새다. 이 냄새가 사방舍房을 온통 덮으면 식구통食口通 문이 열리고 콩보리밥 한 공기와 냄새 역한 국 한 그릇과 장아찌 몇 점이 담긴 쟁반을, 얼굴은 보이지도 않는 손이 쑥 밀어넣고 간다.

그때쯤이면 변기통을 통해 털이 듬성듬성 빠진 늙은 쥐 한 마리가 어슬렁어슬렁 내 앞으로 다가온다. 나는 그 쥐에게 밥 한 술을 국에 말아 방바닥에 놓아준다. 쥐는 아주 천천히 고개 한 번 들어보지 않은 채 그것을 다 먹고 뒤돌아 왔던 곳으로 가버린다. 어느 외로운 수인囚人이 길들여놓은 착한 쥐였나 보다.

그러곤 나는 화장실(합당한 명칭은 못 되지만) 창틀이 있는 아주 좁은 공간에 퉁퉁 불은 콩보리밥 몇 알을 얹어놓는다. 그러면 낮에는 참새들이 쪼아가고 밤에는 애련하다고 할까, 섬뜩하다고 할까, 별로 상서롭지 못한 소리를 내는, 조봉암 선생의 아호가 붙은 죽산조竹山鳥라는 새가 쪼아 먹고 간다는데 나는 그 새를 한 번도 보지는 못했으나 소리만 몇 차례 들었다.

그 방에 갇힌 지 한 달쯤 되던 어느 날, 검사가 부른다고 하여 서소문에 있는 법원 대기소로 끌려갔다. 무슨 큰 죄를 지었다고 수갑을 채우고 포승으로 팔 · 어깨 · 허리 등을 몇 겹으로 묶은 다음, 또 다른 사람들과 함께 영광굴비 엮듯 엮어서는 일렬로 줄지어 출정차出廷車를 기다려 타게 하고 내리게 하는 등 마구 다뤘다. 아직 재판도 받지 않고 죄가 있는지 없는지도 모르는 사람을 이렇게 다룰 수 있는 것인지, 참으로 울화통이 터질 일이었다.

나는 반평 정도 되는 비둘기장이라 불리는 곳에 갇혔다. 지나가는 수인들이 조그마한 시찰통으로 눈길을 모으며 가슴팍에 빨간 딱지를 붙인 것을 보고 "간첩이다, 간첩." 하고 수군거리며 지나갔다.

하루해가 거의 다 간 것 같은데도 검사는 부르지 않고 인기척도 서서히 사라지고 적막이 흐르기 시작하였다. 빛과는 완전히 차단된 곳이었지만 바깥에도 어둠이 깔려오고 있다는 느낌이 들었다. 또 시간이 얼마쯤 흘렀다. 그런데 발등에 무엇인가 움직이는 물체가 하나 둘 다가옴을 느낀다. 멀리서 희미하게 비쳐오는 전등불빛으로 그것들이 쥐임을 알 수 있었다. 쥐들이 자꾸만 늘어나더니 마침내는 내 몸으로 기어오르는 것이었다. 그 순간 나는 그동안의 그 모진 고통에 대한 끈질긴 참음을 깨뜨리고 "여기 사람 있어요!" 하고 고함을 지르고 말았다. 그래도 쥐는 달아날 줄 모르고 수갑과 포승으로 꽁꽁 묶인 나의 몸으로 파고드는 것이었다. 나는 계속 고함을 질렀다. 얼마가 지나자 철문을 따는 소리가 들려오고 "아직도 사람이 있었구만." 하며 비둘기장으로 누군가가 전등불을 켜며 다가오는 소리가 들리자 쥐들은 잽싸게 어디론가 숨어버렸다.

다시 호송차에 실려 서대문구치소로 향하는 내겐 아침에 떠나온 5사상 29방이 그렇게 그리울 수가 없었다. 그래도 먼발치로라도 볼 수 있는 햇빛이 있고 비닐창으로 가려졌을망정 윤곽은 뚜렷한 앞산 금계산을 볼 수 있으며 아침저녁으로 어디선가 들려오는 교회 종소리와 사원의 목탁 소리를 들을 수 있는 방이 그렇게 그리울 수가 없었다.

이윽고 서너 평 남짓한 감방에 들어서자 나는 그곳이 무한한 우주 같은 착각에 빠져들었다. 우주복을 입은 우주비행사가 우주선을 타고 푸른 하늘을 선회하듯, 나는 시간 가는 줄 모르고 그 좁은 방을 몇 바퀴인가 돌고 돌았다.

— 1986. 5.

비명碑銘

지난 일요일에는 꼭 가보려고 하였는데 가지 못하고 말았다. 3주 전 어머님 2주기周忌 날 산소에 심은 향나무 두 그루가 죽지 않았는지 무척 궁금하다.

나는 한 달에 한 번쯤 양주군 장흥면에 있는 신세계 공원묘지를 찾는다. 아침 일찍 서부역에서 출발하는 교외선을 타고 철 따라 변하는 수많은 경치를 보는 것은 참으로 상쾌하다. 수색역을 지나 능곡쯤 가면 그곳부터는 풍진을 등진 한촌閑村이 내 마음을 끈다.

나는 차창 밖을 스쳐 가는 대자연과 대화를 한다. 산기슭에 자리잡은 초가삼간이 내 고향집이 되기도 하고 오솔길을 지나는 노파가 내 어머니가 되기도 한다.

조그마한 간이역 역사驛舍가 30여 년 전 기차통학 시절을 회상케 하며 쟁기질하는 농부의 모습은 짙은 향수를 일깨운다.

이러한 상념 속에 나는 수없이 지나간 중생들이 쉬고 있는 무덤을 바라본다.

그리고 산록山麓에 띄엄띄엄 보이는 무덤들이 한눈에 확 들어오는 곳에서 차를 내린다.

그곳이 신세계 공원묘지가 있는 장흥역이다. 산허리를 어느 날은 인파에 휩쓸려 오르는가 하면, 또 어느 날은 나 혼자 카네이션 꽃송이를 들고 가쁜 숨을 몰아쉬며 오르기도 한다.

으레 경내境內에 있는 매점에 들러 포도주 한 병과 건어포 한 봉지를 사 들고 무덤들 사이로 오른다.

이 무덤 사이를 지날 때면, 인생의 모든 번뇌가 사라지고 추악한 욕심이 잠들어버리며 나 자신을 조용히 반성하게 된다.

어느 무덤 앞에는 싱싱한 생화生花가 활짝 피어 있는가 하면, 어느 무덤은 인적이 끊긴 지 오래된 듯 마른 꽃가지가 뒹굴고 있다.

그러나 어느 무덤 하나 나와 무관한 것 같지가 않다. 바다는 물의 고향, 무덤은 인간의 고향이라는 뇌까림과 "귀향歸鄕이란 근원으로 돌아가는 것"이라는 하이데거의 말 때문인지.

그리고 나는 그 무덤들 앞에 세워져 있는 비석들의 비명碑銘을 읽는다.

예부터 내려온 틀에 박힌 '金海金公××之墓'라 씌어진 비문과 '×× 여기 잠들다'라는 간략한 비명으로부터 대리석에다 가

첨석加檐石을 얹고 밑에는 농대석籠臺石으로 받친, 벼슬도 하고 돈푼이나 있는 자손을 둔 분의 장황한 공적이 적힌 비명도 또한 본다.

근대 교육의 아버지라고 불리고 있는 페스탈로치는 그의 비망록에 "인생은 비명을 남기기 위하여 살다 가는 것인지도 모른다."라고 기록해서 후세인後世人은 이 말을 그의 비명으로 삼았다.

인생이란 짧은 생애를 마치는 동안 위대한 업적을 남기기 위하여 피나는 투쟁을 하기도 하고, 선하고 의롭게 살다가 여한 없이 가는 사람도 있는가 하면, 천수天壽를 다하지 못하고 요절夭折하는 사람도 있다.

먼저 간 이의 공적과 선행을 남아 있는 친구나 자녀가 기려 비명을 새겨주기도 하고, 또 어떤 사람은 죽기 전 자기의 비문을 미리 써놓는 사람도 있다.

시인 워즈워드는 그의 친구인 세계적인 수필가 찰스 램의 무덤 앞에 "선한 사람으로 불러줄 만큼 착한 사람이었다."라고 쓴 묘비를 세워주었으며, ≪군주론≫의 저자인 마키아벨리의 묘비에는 "이처럼 위대한 명성에 대한 찬사란 한낱 사족蛇足에 불과할 뿐이다."라고 새겨 그의 험난했던 일생을 찬양하고 있다.

그러나 그 위대한 명성의 그늘에는 그의 유자遺子가 "아버지가 남기고 간 것은 오직 빈곤뿐"이라고 개탄할 정도로 쓰라림이 없었던 것은 아니다.

나는 어머님의 산소로 오르는 길에 들러보는 묘소가 있다. 그 고인이 나와는 생시에 일면식一面識도 없고 동향인도 아닌데, 나는 그 무덤 앞에 세워진 비문을 읽으면서 머리 숙여 나를 투시해보기 위함에서다.

두터운 신의와 따뜻한 우정을 삶의 보람으로 생애를 마치신 님의 고운 넋이 여기 잠드시다 — 친구 몇 사람이

이 비문을 읽을 때마다 나는 깊은 생각에 잠기는 것이다.

내가 걸어온 길이 이 부지不知의 고인 앞에 세워진 비명의 어느 한 뜻에라도 합당할 수 있을까? 그리고 이런 비석을 세워줄 단 한 사람의 친구라도 가지고 있는 것일까 ?

이제 나도 어느 곳을 향해 가야 하느냐는 것보다 어느 곳에 도착할 것인가를 측정할 나이에 달한 것 같다.

당신이 살아온 그 피나는 노정路程을 한 마디 유언으로도 표하지 못하고 갑자기 운명하신 어머님의 무덤 앞에 앉아 포도주잔을 비우면서 생각의 심연에 빠진다. 그리곤 백운대 쪽에서 소나기를 몰고 오는 동남풍에 하느작거리는 향나무 가지를 바라보며 나는 이렇게 다짐해보는 것이다.

오늘 죽어도 후회 없는 삶을 살아보자. 그리고 페스탈로치의 비망록에 씌어진 대로 항시 내 무덤 앞에 새겨질 비명을 의식하며 보람있는 생을 영위하여 보자.

그리하여 많은 벗과 친지들이 '여기 인간답게 살다 간 한 무덤이 있다.'고 비명碑銘을 새겨주면서 못내 죽음을 아쉬워하는 내가 되어보자고.

— 1975. 9.

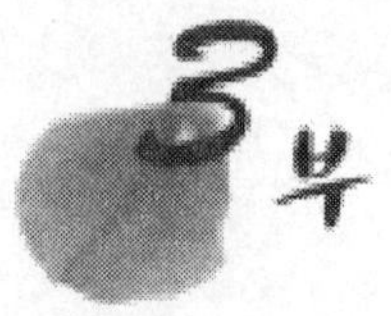

3부

출생지에 얽힌 이야기

금년 정초에 서랍을 정리하다가 빛 바랜 호적등본 한 통을 발견하였다.

누런 미농지에 적힌 조부님의 함자가 아직 지워지지 않은 것으로 보아 할아버지가 생존해 계셨던 40년 전 것인 모양이다.

그 등본에는 백부님 내외와 사촌형들의 함자는 그대로인데 넉 장째에 나오는 아버님의 함자와 아홉 장째 나오는 내 친누님 춘자春子라는 이름 위에는 ×표시를 해서 이름이 지워져 있었다.

그리고 누님 이름 위의 기재란에는 "서기 1938년 7월 28일 오전 8시 고베神戶시 미유키도오리御幸通 3정목丁目 5번지의 33호에서 사망. 호주 윤기홍尹基洪(조부님) 계출"이라 적혀 있었다.

나는 눈이 번쩍 띄었다. 그동안 오매불망 찾았던 내 출생지의 정확한 주소를 알게 된 것이다.

나는 일본 고베라는 항구도시에서 태어났다. 20년 전 세상을 떠나신 어머니께서 고베 산노미야三宮 역 근처의 바다가 보이는 2층집에서 나를 낳았다고 하셨다.

1935년 음력 동짓달 보름날 바닷물이 만조滿潮였던 아침 10시에 나를 낳았는데, 누워서도 창문 너머로 기선汽船의 굴뚝이 보였다는 말씀도 해주셨다. 그리고 아기때 저녁 무렵만 되면 무척 울어댔고 그럴 때면 나를 업고 산노미야 역으로 갔는데 사람들이 들끓는 역 구내에 가면 곧잘 잠들곤 했다는 것이다.

그래서 내가 태어난 곳이 고베 산노미야 역 근처, 바다가 보이는 어느 곳이겠지 하는 막연한 생각을 갖고 그동안 살아왔다. 내가 태어난 곳을 뚜렷하게 말씀해줄 분은 한 분도 생존해 계시지 않아 그저 막연한 동경의 대상으로 여기며 긴 세월을 보내왔다.

10여 년 전부터 동경에서 열리는 국제도서전 등을 참관하기 위해 가끔 일본을 가기는 했지만 고베는 그동안 한 번도 가지 않았다. 정확한 주소를 알지 못하기에 서울 김서방집 찾기 식이 될 것 같아서 그저 꿈의 환상지로만 남겨 두었다.

그런데 운 좋게도 해묵은 호적등본 속에서 그토록 알고 싶었던 출생지의 정확한 주소를 알게 된 것이다. 나보다 두 살 위인 춘자 누님도 그곳에서 태어나 여섯 살에 죽었다. 춘자 누님은 나를 무척 좋아했다고 한다. 나와 같이 찍은 사진이 몇 장 있는데 무척 예쁜 얼굴이었다. 아버님은 아들인 나보다 딸을 더 예뻐해 춘자 누님이 죽은 후 상심한 나머지 그곳 철공소를 팔고 도쿄東京 근처에 있는 가나가와神奈川 현 사가미하라相模原라는 곳으로 이사를 했다고 한다.

나는 그곳에서 초등학교 3학년까지 다니다가 1944년 해방되기 한 해 전에 한국으로 왔다.

참으로 오고 싶던 한국이었다. 같은 학년에 조선인이라고는 나 하나뿐이었고 일본아이들은 조선인을 멸시했다. 마늘냄새, 김치냄새 난다고 같이 짝이 되려고도 하지 않았다. 친구가 그리운 어릴 때, 누구 하나 말동무가 되어 주지 않았다. 나는 그 분풀이로 일본아이들과 싸우고 그들의 신을 모시는 진자神社 지붕 위에 방뇨를 하는 등 소란을 피우기도 하였다. 그래서 나에게는 일본인에 대한 적개심 같은 것이 항시 잠재되어 있었다.

그러나 어릴 때 숱한 말썽을 피우며 자란 그 땅에 대한 그리움 같은 것이 야릇한 심정으로 나를 가끔 동요케 했다.

그래서 금년 2월, 호적등본 속의 주소를 보고 느꼈던 흥분이 가시기 전에 오사카大阪행 비행기를 타고 일본으로 향했다. 오사카에 도착한 후, 호텔에 여장을 풀고 잠을 청했으나 잠을 이룰 수가 없었다. 내가 태어난 그 집이 그대로 남아 있을까. 그곳은 한국인들이 많이 모여 살았다는데, 혹 나의 부모님을 아시는 분이 계셔서 지나간 50년 전의 이야기를 들을 수 있을까. 또 죽은 누님의 유해遺骸를 납골당에 봉안했다는데, 혹 찾을 수 있을까 하는 만감이 교차하면서 생각의 꼬리는 계속 이어졌다.

이튿날 아침을 먹는 둥 마는 둥 하고 동행인 김승일 박사와 같이 오사카 역에서 고베 산노미야로 가는 특급 JR선을 탔다.

차 안에 있는 사람들은 신문, 잡지 또는 책들을 열심히 보고 있었다. 나도 문고본을 한 권 꺼내 들고 읽기 시작했으나 머리에 들어오지 않았다. 나는 누가 출생지를 물을 때 일본 고베라고 하기보다 내 선조가 오래 살았던 고향을 대는 경우가 많다. 그렇게 홀대했던 곳을 찾아가면서 이렇게 마음이 설레는 것은 내 생의 작은 실뿌리 한 가닥이나마 그곳에 착근되어 있었던 것은 아닐까.

12시쯤 산노미야 역에 내렸다. 내가 그리던 모습과는 달랐다. 약간 일본식 건축이기는 하지만 한국의 전주全州역과 같은 토속적인 냄새가 나든지 그렇지 않으면 서울역과 같은 고풍스러운 서구식 역사驛舍일 것이라는 기대와는 달리 콘크리트 건물에 불과했다. 그러나 나는 산노미야 역이라고 표시된 역사驛舍 앞에 서서 사진 한 장을 찍었다.

그곳에서 10여 분 거리에 내가 태어난 미유키도오리 3정목이 있었다. 그러나 3정목 5번지 33호는 아무리 찾아도 나타나지 않았다. 3정목에는 유니온 호텔, 국제회관, 고층아파트 등의 현대건물이 즐비하게 들어서 있었다. 유니온 호텔 커피숍에 들러 잠시 차 한 잔을 들면서 그곳 안내원에게 주소를 보이며 물었더니 3정목에는 5번지가 없다는 것이다. 나는 그곳을 나와 가까운 파출소를 찾아갔다. 파출소에 있는 젊은 경찰 두 사람이 나의 물음에 관할지도까지 내놓고 친절히 답해 주었다. 미유키도오리 3정목이 1, 2번지로 구획정리가 된 것은 꽤 오래되었다면서 그것을 알기 위해서는 고베 시 중앙구역소中央區役所(구역소라는 명칭은 우리의 구청을 말함)로 찾아가 보라는 것이었다.

다시 그곳에서 5분 거리에 있는 중앙구역소로 찾아갔더니 마침 그날이 일본의 개국開國 기념일이라 휴무일이었다. 수위실에는 정년퇴직을 하고 고용직으로 나와 있는 노인 한 사람이 우리를 맞으며 우리의 사정을 듣더니 민원으로 접수를 해놓고 가라는 것이었다.

우리는 1935년쯤의 미유키도오리 3정목 5번지 33호가 어디쯤 되는지 알아서 한국 서울로 회신해달라는 민원서를 수위에게 맡기고 나왔다. 나는 오사카를 거쳐 한국으로 오면서 국내의 일본인 민원도 아니고 외국인, 특히 그들이 가장 싫어하는 한국사람의 부탁인데 관심이나 갖겠는가 하는 생각을 했다. 그러나 일본에서 4, 5년 생활을 한 김 박사는 꼭 회신이 올 것이니 기다려보라는 것이었다.

꼭 보름이 되는 2월 26일에 내가 경영하는 출판사로 고베 시 중앙구역소에서 보낸 묵직한 대형봉투가 하나 배달되었다.

그 봉투 안에는 제일 윗장에 1993년 2월 15일부로 당신이 부탁한 조회문서에 대하여 아래와 같이 회답한다는 중앙구역소 총무과장의 설명서가 들어 있었다.

미유키도오리 3정목 5번지 33호에 대하여 고베 시의 도시계획국이 조사한 바로는, 이 지역은 1945년 3월 17일 고베 대공습으로 해당지역의 가옥은 대화재로 전부 소실되어 1935년 당시의 모습은 전혀 남아 있지 않다는 것과 참고자료들이 첨부되어 있었다.

몇 가지의 약도와 1935년 당시의 시가지 모습 그리고 없어진 5번지 33호의 추측지역 표시, 고베 대공습 시의 사진과 당시의 사항이 적혀 있었다. 1945년 3월 17일 밤, B29 300대가 고베를 폭격, 그 후 5월 11일, 6월 5일 세 차례의 대공습과 128회의 공습으로 사망자가 8,841명, 부상자가 1만 8,000명에 달했다는 내용도 첨가되어 있었다.

내가 태어난 집을 찾아보겠다는 낭만적인 꿈은 산산이 깨어졌지만 야스카와安川란 담당자의 도장이 찍힌 회신 문서 꾸러미를 하나하나 넘기면서, 고맙기도 하지만 얄밉도록 철저한 일본 공무원들의 자세는 또 한번 일본이란 나라를 생각게 했다. 그토록 미워할 수밖에 없었던 과거를 가진 일본을 그래도 본받아야 한다는 서글픔이 내 가슴을 무겁게 억눌러왔다.

— 1993. 6

한 길을 가라시던 말씀

어린 시절의 기억들은 세월이 가도 잘 지워지지 않는다.

학창시절, 나의 학업성적은 그다지 좋은 편이 못 되었다. 특히 초등학교 5, 6학년 때에는 60여 명 중에 거의 꼴찌에 가까웠다. 머리도 좋지 않고 게으르기도 했지만, 구태여 변명을 하자면 그만한 이유가 없지도 않다.

나는 일본에서 태어나 그곳에서 초등학교 3학년까지 다녔다. 그러다 8 · 15해방이 되던 전해에 한국에 와서 승주군 별량면 하과동에 살면서 기차를 타고 벌교읍에 있는 벌교 남초등학교엘 다녔다. 해방 후 다시 우리 집은 여수시와 바다를 사이한 돌산이라는 섬으로 이사를 했고, 나는 노 젓는 나룻배를 타고 여수 서초등학교로 통학을 했다.

당시, 일본 제국주의가 망하고 우리나라가 해방되었다는 감격은 내 어린 가슴조차 걷잡을 수 없이 흥분시켰다. 그러나 한편으로는 걱정이 태산 같았다. 해방이 되자 하루아침에 학교에서 쓰는 말과 글이 바뀐 것이다. 친구들은 해방되기 전부터 미리 한글을 배워두기라도 한 것처럼 받침 등을 잘 알고 있었으나, 나는 그것이 그렇게 어려울 수가 없었다.

특히 국어시간이 되면 몹시 곤혹스러웠다. 쌀을 '살'로밖에 발음하지 못했고 '새'와 '세'를 구별해 발음하기란 거의 불가능했다. 국어책을 읽고 있노라면 목덜미에 식은땀이 흘렀고 급우들은 낄낄거리며 웃어대었다. 한국말이 서투르니 당연히 친구들과의 의사소통이 자연스럽지 못해 말벗을 피하게 되고 학교생활에도 재미를 붙이지 못하게 되어 차츰 학교 가기를 꺼렸다.

그때 담임으로 김동호 선생님이 부임하셨다. 선생님은 일제의 학병에 강제동원되었다가 돌아오신 분으로, 키도 작고 몸집도 왜소한 데다 음성마저 낮은 데도 설득력이 대단하셨다.

그분은 학과과목에는 별로 치중하지 않고, 조국이란 무엇인가, 남북분단이 있기까지의 과정과 약소민족의 설움은 이러이러하다. 또, 인생은 짧은 것 같지만 긴 것이니 인생설계를 하되 몇 년 앞을 보고 하지 말고 먼 장래를 보고 하라는 등 가슴깊이 새겨들어야 할 말씀들을 자주 해주셨다.

게다가 당시로서는 엄두도 낼 수 없던 학생연극을 시도하시기도 했다. 연극 제목은 〈안중근 의사〉였다. 나는 그때 단역이

긴 하지만, 안중근 의사의 동지인 의병 역을 맡아 했다. 그 무렵부터 서서히 학교생활에 익숙해지기 시작했고 어렵게만 생각되었던 한글도 차츰 터득하게 되었다.

어느 날인가 반 아이들이 선생님이 내준 숙제를 해오지 않았다. 우리는 모두 운동장에 집합하여 '엎드려 뻗쳐' 기합을 받았다. 그때 선생님은, 어제 서울에서 열린 미소공동위원회가 결렬되고 무기한 휴회로 들어갔다, 이제 조국의 분단은 고착화될 것 같다, 이러한 나라에 태어나 앞으로 수많은 일을 해야 할 너희들이 게으름을 피우고 숙제를 해오지 않는다니 말이 되느냐고 노여움이 대단하셨다.

우리들은 그 말씀이 무엇을 뜻하는지 정확히는 몰랐지만 선생님 스스로 눈물을 흘리며 호소하는 그 절절한 음성에 감복되어 그만 모두들 울음을 터뜨리고 말았다. 기합을 받고 교실에 들어온 우리는 선생님이 가르쳐주신 노래를 합창했다.

멀고 먼 고향의 시골집에는
그리운 어머님이 계시련마는
끝도 없는 저 하늘 바라볼 때면
흰 구름만 둥실둥실 떠내려 가네.

이 노래는 학병으로 끌려간 만주벌판 어느 곳에서 조국과 고향과 어머니를 생각하며 선생님이 직접 작사·작곡을 하여 불렀던 노래로 평소에 우리 반 아이들이 즐겨 불렀던 것이다.

그 후 어느 날, 아침엔 그다지 심하지 않던 바닷바람이 하학 시간이 되자 광풍으로 변해 여수항의 모든 어선들에 출항금지령이 내려졌다. 그런 때면 돌산과 여수 사이를 오가는 나룻배도 끊기고 만다. 그래서 친척집에 가서 자야지 하고 교문을 나서는데 김동호 선생님이 나를 부르시더니 당신 집으로 가자는 것이었다. 나는 송구스러운 마음에 친척집에 가 자겠다고 말씀드렸지만 선생님은 내 책보자기까지 빼앗아 들고는 앞장을 서셨다. 그때 선생님은 여수 산해관山海館 옆 3, 40개나 되는 층계를 올라 우화안과又華眼科 위에 있는 일본식 집에서 혼자 하숙을 하고 계셨다.

나는 그날 밤, 공부는 노력만으로 잘 안 될 수도 있지만 마음만 바르게 먹으면 누구나 착한 사람이 될 수 있다, 무엇이든 목표를 정했으면 시간이 많이 걸리고 힘들더라도 한 길을 가라, 조국은 영원한 것이니 조국을 위해 보람 있는 일을 하라는 선생님의 말씀을 듣다가 밤 12시쯤 잠자리에 들었다.

그러나 2시가 되어도, 4시가 되어도 잠이 오지 않았다. 잠결에 혹 선생님 몸을 다칠까 싶은 조심성 때문이었는지, 아니면 나에게 들려주신 그 말씀들이 내 가슴에 너무나 깊은 파문을 일으켜서였는지…….

새벽 5시 부산행 연락선 고동 소리가 어둠을 가르고 울리자, 나는 간밤의 심한 파도에 묶여 있던 모든 배들이 다시 운항할 수 있게 되었음을 알고 잠들어 계신 선생님 곁을 조심스레 빠져나와 나루터로 달렸다.

착한 마음으로 한 길을 가라. —지금도 나는 그 말씀을 선생님에 대한 사모의 정으로 내 가슴에 간직하고 살아간다.

— 1988. 3.

생生의 여울에서

이른 가을이었다. 파란 풀이 깔려 있는 교정에서는 면양떼들이 한가로이 풀을 뜯고 있었다. 말을 탄 학생이 긴 막대를 들고 그 뒤를 따랐다.

학교 본관으로 들어가는 길 양 옆에는 전지剪枝가 잘된 깡깡나무가 심어져 있고 교사校舍 앞으로는 하늘로 치솟은 전나무가 도열堵列해 있었다.

운동장 남쪽 기상대에 매달린 풍향계는 바람 부는 쪽으로 방향을 가리키고 있었으며, 네 개의 풍배風杯를 가진 풍속계는 바람의 강약에 따라 돌아가고 있었다.

교사 뒤켠의 계사鷄舍에서는 레그혼과 뉴햄프셔가 모이를 쪼아먹고 있었으며 그 동편에 위치한 인공호수 위로는 거위와 오리가 한유로이 물놀이를 하고 있었다.

나는 학교를 둘러보고 먼 장래에 이 학교보다 더 큰 목장과 농장을 가지리라 마음먹었다. 기름진 땅을 사서 젖소와 면양을 방목放牧하고 거대한 온실을 만들어 특용작물도 재배하리라 생각했다.

6년간을 나는 이 학교에 다녔다. 봄이면 못자리를 만들고 학교에서 10여 킬로나 떨어진 과수원에 가서 과목果木 둘레에 구덩이를 파고 밑거름을 준다. 보리밭에 인분人糞을 주는 일은 모두들 피했으나 나는 나의 꿈을 실현하는 데 선행되는 시련이라 생각하고 열심히 일했다. 무더운 여름이면 향림사香林寺 뒷산에 올라 꼴을 베어 한 망태기 둘러메고 오다 느티나무 그늘에서 꼴망태를 베고 로버트 프로스트의 〈목장〉이란 시를 외우기도 했다.

> 어리고 어린 송아지를 몰고 나가련다.
> 새끼송아지가 어미소 곁에 서면
> 긴 혀로 핥을 때마다 비틀거리는 그 모습
> 내 멀리 가지 않으려니 너도 가까이 오려무나.

나는 넓은 초원에 띄엄띄엄 그늘이 좋은 오리나무를 심으리라. 여름이면 그곳에서 시를 읊고 목가적牧歌的인 전원시田園詩도 써보리라.

그래서 순천농림고등학교 3학년 여름방학 때를 이용하여 도

청 소재지에 있는 축산시험장에 가서 강습을 받기도 하였다. 짧은 기간이었으나 새로운 시설과 새 지식을 많이 보고 배웠다.

졸업을 하는 대로 고향의 야산에 초막草幕이라도 치고 원대한 꿈의 실현을 위하여 일해야겠다고 다짐했다.

그 이듬해 봄, 졸업을 한 나는 부푼 꿈을 안고 큰댁으로 가는 객선客船을 탔다. 그곳에는 돌아가신 아버님께서 사놓았던 산이 있었기 때문이다. '논 건너' 산을 둘러보았다. 경사가 너무 급하고 자갈밭이라 개간하기에는 어려운 땅이었다. '알령고개' 산에도 가보았다. 산이 너무 깊고 험준하여 벌목伐木할 수가 없어 사람이 정착할 수 있는 땅이 못 되었다.

그렇다고 개간을 착수할 만큼의 돈이 있었던 것도 아니다. 졸업하고 10여 일 만에 나의 꿈은 산산이 깨어지고 말았다.

큰댁 형님과 또 많은 사람을 설득하기는커녕 되레 비웃음을 받는 신세가 되고 말았다. 그런 후의 하루하루는 참으로 지겹도록 지루한 시간의 이음이었다. 집에서 닭을 좀 길러보기도 하였지만 당시는 값싼 종합사료가 없던 때라 달걀값으로 모이값도 충당할 수가 없어 그만 닭도 모두 정리하고 말았다.

차차 사람들과 소원疏遠해지게 되자, 천진난만하였던 마음속에 돈과 권력에 대한 갈망의 물결이 일기 시작했다.

나는 간신히 대학입학금만을 마련해가지고 서울로 올라왔다. 서울에 온 후 몇 년 동안 잡지사와 출판사를 전전하여 마련한 돈과 어머니가 가끔 부쳐주시는 돈으로 학교를 다니다가 중도에 군에 갔다. 제대한 후 복학을 하려고 했으나 그럴 형편이 못 되었다. 그래 친구와 같이 고향에서 온돌방에다 부화기孵化器를 시설하고 축산시험장에 가서 종란種卵을 사다가 부화를 시작했다.

부화사업이 잘되면 양계를 겸하고 또 성공하면 산양山羊방목을 한다는 등 계획을 세웠다. 그러던 어느 날 4월혁명이 일어났다. 매일같이 선배와 친구들로부터 속히 상경하라는 전보와 편지가 날아왔다.

나는 도시와 돈에 대한 유혹과 명예에 대한 동경 때문에 부화기와 친구를 버리고 서울로 올라오고 말았다.

그러나 상경할 때 차창 너머 푸른 하늘에 그려본 신기루 같은 꿈은 이루지 못하고 말았다. 그 후 4, 5년간 나는 피나는 노력을 하였다. 정치인의 심부름꾼, 헌책방의 점원, 잡지사의 편집사원 등 닥치는 대로 마구 일했지만, 이루어놓은 것은 아무것도 없었다. 단지 9년이 걸려 대학졸업장 한 장을 탔을 뿐, 작가도 학자도 정치인도 되지 못하고 말았다.

나는 1966년 8월 3일, 서대문 냉천동에 있는 친구 동생이 경영하는 학습지 출판사의 월급쟁이 사장으로 있으면서 범우사汎友社라는 출판사를 등록하였다.

작가가 되지 못한 꿈을 문인들의 작품집을 출간하면서 달래어보고, 학자가 되지 못한 한恨을 명저 등을 출간하면서 풀어보려고 어렵게 험준한 출판사업을 시작한 것이다.

사무실도 없이 근무하는 곳에 출판사 간판을 옮겨가며 5년을 넘겼다. 주로 잡지사의 주간이나 월급쟁이 사장을 해가면서 틈틈이 단행본을 간행하였다. 내 딴에는 양서만을 출간하는 출판사로 키워보려고 안간힘을 썼으나 그렇게 뜻대로 잘 되는 것 같지는 않았다.

남의 집 월급쟁이로 있는 동안 필화사건筆禍事件으로 잠깐 옥살이를 했다. 당시는 책 차입差入이 되지 않아, 얼마나 활자가 그리웠는지 모른다. 책을 찢어 바람막이로 발라놓은 깨알 같은 활자를 한 자도 놓치지 않고 몇 번이고 읽었다. 그리고 감옥을 나가더라도 끊임없이 좋은 책을 만들어내겠다고 결심했다.

1972년에 단독으로 조그마한 사무실을 하나 마련하고 본격적인 출판을 시작하였다. 매년 30여 권에 달하는 단행본을 출판하였다. 마치 자전거를 타고 가는 선수가 페달을 밟듯이 밟지 않으면 넘어진다는 생각으로 온 정력을 다 쏟았다. "진리와 자유를 위하여, 새 시대의 새 지식을 위하여, 독서의 생활화를 위하여……."라는 사시社是를 내걸고 미련스러울 만큼 한 길로 치닫다 보니 어느새 많은 시간이 흘렀다.

이제 책방에는 독수리 상표를 단 범우사의 책들이 적잖이 진열되어 있고 머지않아 가정마다 내가 출판한 책들이 서가書架를 장식해줄 것이라고 믿고 있다.

이른 가을, 순천시에 있는 농림중학교에 입학하여 인생의 설계를 곱게 핀 자운영紫雲英밭 위에 그리던 그때의 그 소년은 어디로 가고 초원 아닌 콘크리트 바닥 위 철제 책상 앞에서 교정쇄校正刷를 넘기게 되었다. 엄마 찾는 송아지 소리가 아니라 둔탁한 평판平版기계 소리를 들으며 프로스트의 시를 읊는다.

책을 가득 실은 픽업이 굴러간다. "2000년대를 향하여 꾸준하게 양서를"이라는 캐치프레이즈를 달고 시내를 누비고 다닌다. 그러나 나는 가끔, 하얀 우유 운반차가 미루나무가 서 있는 방책防柵 쳐진 목장길을 경쾌한 클랙슨을 울리며 달려오고 있는 환상에 젖을 때가 있다.

오리나무 그늘에 누워 워즈워드의 〈초원의 빛〉을 읊조리지는 못하지만, 많은 사람들에게 밀튼의 해학諧謔과 소포클레스의 진지한 인생의 이야기를 보내며 살아갈 것이다. 그리고 부화기에 달걀을 넣어둔 채 떠나려는 나를 붙들고 그렇게 서운해하던 친구를 찾아갈 것이다. 찾아가 이렇게 말하리라.

"많은 사람들에게 우유와 달걀 같은 칼로리 많은 육체적인 영양분은 못 주지만, 좋은 책을 많이 출판하여 정신적인 자양분을 주는 것으로 너에게 속죄하겠다."고.

이것이 이제 와서 보면 내 소년 때의 꿈이었는지도 모른다. 앞으로의 길이 암만 고되고 험할지라도 활자와 같이 걸어온 그 길을 토대 삼아 남은 생을 보람 있게 살리라.

— 1977. 2.

강물이 흐르는 한촌閑村

나는 피천득 선생의 ≪수필≫이란 문고본 제일 첫머리에 나오는 〈인연〉이란 글을 가끔 읽는다. 거기에는 피 선생이 동경에 가서 세 번 만났던 아사코朝子의 이야기가 수채화의 담색처럼 잔잔하게 깔려 있다.

첫 만남은 아사코가 초등학교 1학년이었던 때고, 두 번째는 대학 3학년, 세 번째는 또 10년 후 일본인 이세二世 미국인과 결혼한 후였다. 피 선생은 아사코에게 준 동화책 겉장에 있는 뾰죽지붕에 뾰죽창문들이 있는 작은 집에서 같이 살자던 20여 년 전 아사코의 어린 목소리를 회상한다.

그리곤 "그리워하는데도 한번 만나고는 못 만나게 되기도 하고 일생을 못 잊으면서도 아니 만나고 살기도 한다. 아사코와 나는 세 번 만났다. 세 번째는 아니 만났어야 좋았을 것이다."란 후회로 끝을 맺는다.

몇 년 전, J여사의 동생에게서 전화가 왔다. 언니가 한국에 왔는데 한번 만나보지 않겠느냐는 것이었다. 나는 사무실 근처에 있는 커피숍에서 만나자고 하였다. 아마 못 본 지가 35년쯤 되었나 보다.

그녀는 내가 중·고등학교를 다녔던 순천시에 살았다. 그때 자주 들르던 친구집 길 건너에 살고 있었다. 부유한 집 맏딸이었다. 얼굴도 예뻤지만 세일러복을 입은 옷맵시가 참으로 정갈하게 보였다. 그녀의 할머니는 내가 기식寄食하고 있던 용화사란 절의 보살이셨고 내 친척형이 그녀가 초등학교 6학년 때 담임이었다.

고등학교 1학년이 되던 해 봄이었다. 그녀의 담임이었던 형 내외가 오리정에 있는 딸기밭에 가자고 하였다. J양도 같이 가기로 했다는 것이다. 당시는 6·25전쟁중이라 딸기밭에 가 딸기추렴을 한다는 것은 호사스러운 나들이이며 회식이었다. 그날 나는 형수가 그렇게 강권했는데도 가지 않았다.

화사한 봄날에 걸맞지 않은 내 모습이 싫었다. 단벌 교복인 나에게는 입고 나갈 외출복도 없었고 동자승 비슷하게 절밥이나 얻어먹는 주제에 딸기추렴이란 격에 맞지 않았기 때문이다. 그러나 그날은 무척이나 시간이 더디 갔고 외로움이 덧붙어졌던 날이었다. 나는 그때 〈얄궂은 심사心思〉라는 넋두리 시 한 편을 남겼다.

뒷동산에 올라가 강가를 바라보니
사람마음 낚으려는 버들강아지 싹이 트고
봄의 여왕 진달래는 웃음을 보내건만
진달래꽃 꺾어 차는 얄궂은 심사,

—1951년 3월 20일 용화사 법당에서

빛 바랜 노트에 쓴 이 치기 어린 글 한 편이 그날을 말해주고 있다.

그 후 고등학교 3학년 때였던 것 같다. 매곡동梅谷洞 이수천二水川 강변가에 있는 조그마한 초가집에 방 한 칸을 얻어 자취를 하고 있었는데, 친구의 누나와 같이 J양이 찾아왔다. 그때 그들이 왜 나를 찾아왔는지 그 이유는 지금도 알 수 없다. 단지 뒷마당에 있는 낙엽진 감나무 밑에서 오래도록 서 있었다는 것과 우리가 서 있는 곳에 높이 쌓인 볏단이 있어 북풍을 막아주었다는 기억이 어슴푸레하게 생각날 뿐이다.

고등학교를 졸업할 무렵, 그녀가 서울로 유학을 간다는 소문이 들렸다. 나는 그녀의 졸업식 때 당시 유행하던 졸업축문을 써서 우편으로 보냈다. 짤막한 시를 써서 보냈던 것 같다. 나도 졸업을 하자 시골로 내려갔다. 무엇 하나 손에 잡히지 않는 실의의 하루하루였다.

나는 울분과 무료를 달래기 위해 낚싯대를 들고 바닷가에 나가 낚시질을 하거나 돛배를 타고 바다로 나가 줄낚시를 하기도 했다. 수평선에 황혼이 내리면 바닷물은 붉게 물들고, 젊음은 내 가슴을 용광로처럼 온통 불붙게 했다.

그럴 때면 그녀가 생각났다. '나는 좌절해서는 안 된다. 그녀와 대등한 위치에 달해야 한다. 그 길만이 내 삶의 보람을 누릴 수 있다.'는 경쟁심 같은 것이 불현듯 솟구쳤다.

나는 서울로 가기로 했다. "너의 아버지는 무일푼으로 현해탄을 건너가 생활터전을 잡았는데……." 하는 어머님의 말씀이 용기를 북돋았는지도 모른다.

고등학교를 졸업한 이듬해 대학에 입학하였다. 입학금은 아버님의 유산인 산을 팔아 간신히 마련하였고, 생활은 친구의 자취방에서 식사당번을 해주며 겨우 지낼 수 있었다. 그러던 어느 날 J양에게서 만나자는 전갈이 왔다. 우리는 남영동에 있는 전원다방에서 만났다. 그녀는 다소곳이 고개를 숙이고 앉아 있었다. 음악의 볼륨이 높았던 것 같다. 많은 노래들이 흘렀다. 〈다뉴브 강의 잔 물결〉의 은은한 멜로디와 〈베사메 무초〉가 몇 번 되풀이되었던 것 같다.

나는 그때 알베르 카뮈의 ≪시지프의 신화≫에 대한 이야기를 하였던 것 같다. 인간은 참으로 살 만한 가치가 있는 것일까. 자살 · 부조리 · 반항 등 그때 풍미했던 언어들을 구사하면서 자살이 모든 것을 해결할 수 있을까 하는 의문을 제기하기도 했다. 그러나 이런 모든 번뇌와 부조리에서 탈출할 수 있는 길은 사랑이라는 말은 하지 못했다.

한동안 침묵을 지키고 있던 그녀는 조용히 수녀가 되고 싶다는 말을 했다. 나는 변호사가 되어 억울한 사람을 돕겠다고 했다. 그리고 엉뚱하게도 나는 그녀에게 수녀생활을 하는 데도 돈이 필요할 테니 도와주겠다는 말을 했다. 지금도 나는 그때 내 마음의 진의를 잘은 모르지만, 아마 그것은 그녀와 비교할 때 나의 경제력에 대한 열등감과 가난 때문에 일어난 비비 꼬인 심기의 발로였을 것이란 생각이 든다.

그러고 나서 한 2년이 흘렀다. 그녀의 사돈 되는 친구의 전갈로 S시의 다과점에서 그녀를 만났다. 결혼을 하게 될 것 같다는 것이었다. 그 말의 여운이 자신에 찬 자랑스러움 같기도 하고 어설픈 번뇌 섞인 음성 같기도 했다.

그리고 그녀는 얼마 후 결혼을 했고 시집을 따라 이민을 갔다는 소식을 들었다. 그 후 오랜 세월이 흘렀으나 어떻게 살고 있을까 하는 궁금증은 가시지 않았다. 그래서 만나게 된 그녀는 그 옛날 전원다방에서 만났을 때처럼 수줍어하지도 않았고 S시의 다과점에서처럼 두리번거리거나 초조롭지도 않았다. 정숙하면서도 침착함이 초로初老의 여유로움을 말해주었다.

그녀는 딸 둘을 시집보내고 외손자가 셋이며 사위들이 건강하고 착실하다고 했다. 나도 며느리가 착하다는 이야기며 손녀가 있다는 말을 했다. 우리는 자식과 며느리, 딸과 사위, 손자 · 손녀의 이야기로 시간을 이었다.

그러나 그녀는 남편의 이야기는 하지 않았다. 나도 아내의 이야기는 하지 않았다. 테이블 위에 놓인 차는 다 식어 있었다. 우리는 "건강하세요."라는 짤막한 인사말과 눈인사를 나누며 헤어졌다.

그때 인생은 살 만한 가치가 있다는 생각이 들었다. 그녀와 만났던 20대의 정열은 식었지만 또 20년 후 귀여운 증손자들의 이야기를 나눌지라도 옛사람과의 만남은 즐거운 것이다. 그것은 또 하나의 희망이기 때문이다.

어슴푸레하게 그녀가 찾아왔던 그 옛날 강물이 흐르는 한촌이 떠올랐다.

— 1993. 가을.

독일 통일전야제에

어제도 꽃다운 여자 대학생이 민주 데모를 하던 중 진압 전경들에 쫓겨 골목길로 피하다 숨졌다. 잔인했던 4월, 어둠의 5월을 지내면서 벌써 여섯 명의 청춘이 스스로 죽음을 택했다. 이러한 비극적인 현상이 언제 끝이 나려는지, 분단된 조국이라 어찌할 수 없는 현상인지?

우리는 조국의 분단과 이데올로기라는 것 때문에 40여 년이 넘도록 그 숱한 죽음과 죽음 못잖은 고통들을 감내해왔다.

그러나 아직도 그 종말을 기약할 만한 끝의 조짐은 도무지 보이지 않는다.

공산화되어 있는 북한이 있고, 민주화되지 않은 남한이 서로 대치하고 있는 한, 우리는 안전도, 완전한 평화도, 자유도 향유할 수 없다. 열사라 불릴 젊은 희생자가 얼마나 많이 생길

지 모를 그런 나라에서 우리는 살고 있는 것이다.

나는 작년 10월에 프랑크푸르트의 국제도서전시회를 참관하기 위해 독일에 간 적이 있다. 그때는 벌써 베를린 장벽이 무너지고 자유롭게 동·서독이 왕래하는 때였지만, 10월 3일을 동·서독 통일의 날로 정해놓고 있었다. 나는 그 전날, 프랑크푸르트에서 약 2시간 거리에 있는 하이델베르크의 펜터 호텔에 짐을 풀었다. 프랑크푸르트 시내는 세계 각국에서 국제도서전시회를 참관하기 위해 몰려온 사람들로 연초부터 각 호텔이 모두 예약되어 있었다.

나는 말로만 들었던, 〈황태자의 첫사랑〉의 무대인 하이델베르크에 도착하자 저녁을 먹는 둥 마는 둥 하고 시내구경을 나섰다. 시내는 온통 독일 통일전야제의 축제 분위기 일색으로, 젊은이들이 시내로 쏟아져 나와 합창을 하고 깃발을 흔들며 통일의 기쁨을 만끽하고 있었다. 시내 북쪽 높은 언덕에 있는 500년이 넘은 고성古城의 성터 주변에서는 폭죽이 형형색색의 빛깔과 표현하기 어려운 여러 형태로 하늘을 향해 치솟아 올랐다. 폭음과 불빛, 만세 소리와 통일가의 합창……. 젊은 남녀들이 쌍쌍이 어깨를 겯고 대로를 향해 동으로 서로, 남으로 북으로 밀려다니며 한없는 환희를 구가하고 있었다.

우리 일행은 하이델베르크에서 가장 역사가 깊다는 '줌 제풀'이라는 맥주집을 찾아갔다. 세계 각국에서 모여든 관광객으로 입추의 여지가 없을 정도로 손님이 들어차 있었다. 얼마간 기다리다가 단체 테이블 하나를 얻어 우리는 맥주를 청했다. 여기저기서 영화 〈황태자의 첫사랑〉의 주제가인 "드링 드링" 하는 〈축배의 노래〉가 터져 나오고 각국 민요와 국가가 어울려 화음을 이루었다.

그곳은 전세계를 통틀어 하나밖에 없다는 긍지를 가지고 있는 술집이었다. '줌 제풀'에 들러보지 않은 사람은 하이델베르크에 가보지 않은 것과 마찬가지라고 할 정도로 자부심 같은 것을 지니고 있는 학사주점이다. 1386년에 하이델베르크 대학이 들어서면서 생겼다는 학사주점 거리, 그 중 1634년에 세워진 건물에 자리잡은 '줌 제풀'은 가장 긴 역사를 가진 주점으로 그리스 왕자인 베드만 · 분센 · 비스마르크 · 브람스, 라이프니츠 등 숱한 인사들이 들러 갔다고 한다. 벽면에는 이곳을 거쳐 간 숱한 세계적 인물들이 하이델베르크 대학을 다니던 당시의 사진들이 이곳저곳 걸려 있었으며, 여러 사람들의 글과 그림도 새겨져 있었다. 그것들은 수백 년 간을 지속해온 영광된 역사를 대변해주는 것이었다.

'줌 제풀'은 벽이나 몇백 년이 된 나무탁자 위에 낙서를 하고 술을 마시고 토론을 하고 노래를 부르고, 또 표지판에 글을 새기고 하는 학생들의 유머 박물관이기도 했다. 선후배가 어울리고, 또 어울리다가 오랜만에 찾아온 선배가 그날 저녁의 술값을 몽땅 내기도 하는, 참으로 낭만이 넘치는 학사주점이었다. 세계 어디서도 찾아볼 수 없는 분위기의 주점이라는 독특

한 인상이 지워지지 않았다.

우리는 그날 저녁 30여 년 전의 젊음으로 돌아가 독일민요와 〈아리랑〉을 목청껏 불렀다. 〈아리랑〉은 한국의 노래가 아니라 이제 세계의 노래였다. 많은 사람들이 따라 불러주었다.

500cc잔의 생맥주를 몇 번이고 서로 부딪친 후에 우리는 하이델베르크 성으로 올라갔다. 독일 국민전쟁 때 파괴되었다는 고색창연한 고궁과 성곽들이 예술조각품처럼 멋스럽고 웅장하게 보존되어 있었다. 어느 것 하나 소홀함이 없었고 돌담 구석진 곳까지도 밝게 조명되어 있었다. 역사를 가진 민족, 그 역사의 흔적이 남아 있는 민족, 그것을 그대로 보존하는 민족, 이 얼마나 훌륭한가.

고성에서 내려오는 층계참마다 또 공원의 벤치마다 젊은 남녀가 속삭이며 앉았거나 포옹하고 있는 그 모습들이 한 편의 영화를 보는 것처럼 아름다웠다.

우리는 시내로 내려와 집집마다 가득 찬 젊은이들의 숨결과 거리마다 넘치는 젊음의 기운 속에 휩싸여 거리를 누비며 돌아다녔다. 그들과 어울려 비스마르크 동상이 있는 공원 앞에서 밤 12시가 넘도록 폭죽 소리를 들으며 통일가를 따라 부르기도 했다. 그들은 대형 통일깃발을 흔들며 목청껏 노래를 부르거나 서로 얼싸안고 울거나 또 주저앉아 땅을 치며 뭔가를 호소하기도 하였다.

우리는 한 시간쯤 그들과 어울려 함께 노래를 부르다가 호텔로 향했다. 그때 내 머릿속에는 우리나라의 젊은이들이 떠올랐다. 우리는 언제쯤이나, 통일과 민주화를 위해 목숨을 던졌던 젊은이들의 제단 위에 국민 모두가 경건한 모습으로 헌화하며 "위대한 희생의 대가로 민주조국의 통일을 이룩했노라." 고 치하할 날이 올지…….

호텔을 향해 강변길을 따라 걷는 내 가슴은 답답하기만 하였다.

— 1991. 7.

내 나라에 대한 긍지

올해는 임진왜란이 일어난 지 400년이 되는 해다. 나는 며칠 전 임진왜란 때 일본 규슈九州로 끌려간 도공陶工 이삼평李參平의 묘소를 찾았다. 후쿠오카福岡 공항에 내리자 규슈 대학에서 역사학을 공부하는 K형의 안내를 받아 아리타有田라는 곳으로 향했다. 3월 초순인데도 그곳은 완연한 봄이었다. 목련 등 봄꽃이 어울려 피고 봄비가 하루 종일 내렸다. 잘 닦인 고속도로로 약 2시간쯤 달리자 읍이라 하기에는 좀 작은 듯한 깨끗한 마을에 도착했다. 이곳이 일본뿐만 아니라 세계적으로 이름난 아리타 도자기의 도요지다.

길을 지나는 아낙에게 아리타有田 도자기를 만든 시조인 이삼평의 묘소를 물었더니 친절하게 가르쳐주었다. 묘비는 반으로 쪼개지고 400여 년의 풍상에 씻겨 닳고 닳았으며, 묘비 주변에는 누가 가져다 심었는지 영산홍과 진달래 등 한국적인 꽃나무들이 심어져 있었다. 꽃병에는 탐스럽고 싱싱한 목련, 튤립, 백합 등이 가득 꽂혀 있었다.

우리는 묘소에 참배한 다음 도산신사陶山神社 뒤 이삼평 기념비가 있는 곳으로 갔다. 산중턱에 거석으로 세워진 비석에는 '도조陶祖 이삼평 기념비'란 비명과, 1916년에 비석을 세우면서 그 고장 유지들이 적은 찬사가 새겨져 있었다.

온 읍이 한눈에 내려다보이는 곳에 세워진 비석 주변의 조경도 돋보였거니와 올라오는 계단과 난간 틈에도 정성이 깃들었고 아름드리 소나무와 빽빽이 심어놓은 무궁화나무를 볼 때 그나마 그 악독했던 일본인들의 참회의 단면을 보는 것 같았다.

우리는 도산신사에서 얼마 떨어지지 않은 곳에 있는 아리타 도자기미술관도 둘러보았다.

1954년 전시면적 118평방미터의 2층건물로 건조된 이 전시관에 아리타 도자기가 그 역사를 일목요연하게 볼 수 있게 진열되어 있었다. 한국적인 투박함에서 날렵한 일본적인 형태로 변해가는 도자기의 변천사를 마음속으로 느낄 수 있었다.

인구 1만 명이 채 되지 않는 그곳에는 도자기미술관 이외에 역사민속자료관, 도자기참고관 등도 있었는데, 역사민속자료관에는 그 고장의 자랑인 도자기를 비롯해 도자기 수출과 관계되는 상표, 문서, 심지어 그 고장 아이들이 배웠던 교과서, 옛 생활용품들이 전시되어, 옛것이면 무엇이나 중요시하고 있다는 것을 느끼게 하였다. 그리고 부모의 손을 잡고 이것저것 물어보며 관람하는 아이들, 친구들과 어울려 재잘거리며 전시품에 관심을 쏟는 중·고등학생들의 발길이 어느 전시관에나 끊이지 않았다.

그 광경을 보면서 나는 우리나라의 중·고등학생들을 생각해 보았다. 쉴 공간이라고는 도대체 없는 도시들, 인구 10만 명이 넘는데도 민속자료관이나 미술관 하나 없고 변변한 도서관이나 문화공간 한 군데 없는 문화의 불모지에서 자라나는 아이들에게 대체 어떤 정서를 찾을 수 있을까 하는 울화 같은 것이 치밀었다. 국가와 어른들이 청소년에게 아무것도 해주지 못하면서, 내한한 한 보컬그룹의 공연을 보기 위해 몰려들었다가 일어난 불상사의 책임을 청소년들의 탓만으로 돌릴 수 있을까?

나는 8년 전에도 규슈에 들른 적이 있다. 그때는 임진왜란 때 도공으로 붙잡혀 간 심수관沈壽官의 14대손인 14대 심수관을 찾아갔다. 임진왜란 직후인 정유재란 때 전라도 남원에서 한을 품고 일본에 끌려간 1대 심당길沈當吉 때부터 혈통을 고집, 한국인끼리 결혼하여 현재 15대로 이어지고 있는 도예명인 가문이다.

이 심수관 집안은 400여 년이란 긴 역사 속에서 일본 속의 떳떳한 한국인으로 가통을 이어온 자부심을 갖고 있었다. 특히 12대 심수관은 일본의 사쓰마薩摩 도자기를 세계적인 도자기로 끌어올린 사람으로, 1860년 파리 만국박람회에 백자白磁

를 출품했고 1873년 오스트리아 빈 만국박람회 때도 대화병을 출품하여 대단한 주목을 끈 명인이다. 이 12대 심수관으로부터 이름을 이어오는 전통을 세웠다 한다.

규슈 남단 가고시마鹿兒島 교외에 있는 수관도원壽官陶苑에는 선조의 혼이 서린 조상 대대의 작품들이 고이 간직되어 있었다. 1대 심당길이 일본으로 끌려올 때 쓰고 왔던 망건과 그가 만든 투박한 한국사발에서부터 오늘에 이르기까지 맥을 이어온 각종 도예작품들이 가보처럼 귀하게 보존되어 있었다.

당시 내가 14대 심수관에게 고국으로 돌아가 후진을 양성할 생각이 없느냐고 물었더니, 그는 고개를 살살 저으며 자기의 도예기술은 이제 거의 일본화되었으며 자기의 일본화된 도예기술을 고국에 오염시키는 일은 결코 바람직하지 않다고 대답했다. 그리고 심수관 작품도록에 "물레는 움직여도 가장 가운데 있는 심지는 움직이지 않는다."는 글귀를 써주면서, 자기 마음에 품은 조국혼은 결코 변하지 않는다는 말을 들려주었다. 나는 그때 그 감명을 지금도 잊지 못하고 있으며 이번에 규슈를 찾게 된 것도 그 때문이 아닌가 한다.

다음날은, 일본천황의 선조가 김해 김씨라는 이론을 주장하고 있는 일본인 재야 사학자 아라다 에이세이荒田榮誠의 안내로 가고시마 도서관, 미술관, 민속자료관 등을 둘러보았다. 둘러보고 난 다음, 나는 일본이 세계 최강의 경제국이 되었을지라도 역사적 유산이 적어, 줄기는 무성하지만 뿌리가 약한 나라라는 느낌을 받았다. 미술관에는 르누아르, 세잔 등 세계적인 화가의 그림을 사들여 전시해두었지만 도서관의 귀중본 서고에는 1800년대 이전의 고서는 거의 찾아볼 수 없었고 민속자료관에 전시된 것들도 메이지 유신의 개화기 이후의 자료들이지, 그 이전 것은 몇 점에 불과할 정도로 빈약하였다.

우리에게는 찬란한 문화유산이 있다. 몇 번의 외침과 전란이 있었지만 200년이 넘는 고서, 200년이 넘는 민예품들이 얼마나 많은가. 가꾸고 정돈하지 않았을 뿐, 우리는 튼튼한 뿌리를 가지고 있다.

서울행 비행기에서 받아본 신문의 7면에서 '일본, 앉아서 재미본다. 한국, 10억 불 수출 위해 일본에서 1억 2천만 불어치 수입. 지난 65년 이후 작년까지 대일적자 총액은 663억 불, 대일 적자 해소가 국제수지 개선의 최대관건이라고 경제기획원의 '세계경제 여건변화와 무역수지 분석'이란 보고서에서 밝혀졌다."는 기사가 실려 있었다.

일본의 근대화 100년이 우리를 앞질렀다. 그러나 우리는 그들보다 1,000년 이상을 앞서며 살아온 과거를 가진 민족이다. 자라나는 청소년들에게 어떤 환경과 긍지를 갖게 하느냐에 따라 우리의 역사는 새롭게 창조될 것이다.

— 1992. 3.

만절晩節

50대 중반에 들어서면서부터 지난일을 회상하는 일이 잦아졌다. 2, 3년 전까지만 해도 뒤돌아볼 틈도 없이 앞으로 닥쳐올 일만을 염두에 두고 계획을 짜거나 그 계획을 실행하기 위하여 부지런히 일해 왔다.

그런데 옛일을 생각할 때면, 편하고 여유 있었을 때의 일이나 그때 만났던 사람들보다는, 어렵고 고생스러웠을 때나 그때 사귀던 사람들이 먼저 떠오른다.

나는 6·25전쟁이 휴전될 무렵에 서울로 왔다. 그때 나의 처지란 상거지나 진배없었다. 당시 나는 나와 거의 비슷한 처지에 있는 여러 친구들을 사귀게 되었다.

깨어진 벽돌조각들만이 무질서하게 널려 있던 폐허의 명동이나 진고개 마루턱에 전쟁의 상처를 가득 안은 채일망정 다행히 납작한 단층집 한두 채가 남아 있었다. 그 집들이 당시 우리가 만남의 장소로 삼던 다방이요, 술집이었다. 차값이 없으면 종업원의 눈총을 맞으며 하염없이 앉았다가 혹 몇 푼이나마 가진 친구가 나타나면 커피 한잔씩을 얻어 마시고 자리를 떴다.

다방 앞에는 '까치담배'를 파는 상인이 있었다. 그들과는 으레 하루에 한두 번의 거래가 행해졌는데, 그들은 전차삯이 없으면 변통을 해주기도 했다.

어둠이 폐허의 서울에 깔리면 술집을 찾았다. 누구 주머니에 돈이 얼마나 있고 누가 술값을 치를 것인가 하는 셈이나 약속도 없이 우리는 술을 마셨다. 구수한 빈대떡 안주에 원조물자 밀가루로 빚은 막걸리 한두 잔으로 거나해지면, 자유당 독재정권 타도로부터 휴머니즘과 프래그머티즘 논쟁 등 얄팍한 지식들이 총동원되었다. 그러다 통행금지 시간이 임박해지면 어디론가 뿔뿔이 흩어졌다.

그 시절에 사귀었던 친구 중에서 지금은 문인으로 널리 알려진 소설가 정을병 형과, 17년 동안 옥고 등으로 숱한 고생을 했지만 정치가로서 앞날이 기대되는 김상현 형과 함께 지내던 일들이 요즘 자주 떠오른다.

그들도 당시엔 잠잘 곳도 먹을 것도 변변치 않은 따라지 신세들이었지만, 나처럼 소심하게 끼니걱정을 하거나 잠자리 걱정을 하지 않는, 배포 큰 사내들이었다.

1956, 7년경이었으리라. 대학동창인 서산 친구 유원균 형이

고향에서 한 달 하숙비를 타오면 그 돈으로 내 식생활까지 해결하기 위해 둘은 영등포 신길동에서 자취를 했다. 그때 나는 밥도 짓고 방도 치우는 등 온갖 허드렛일을 했다. 김 형과 정 형은 수시로 나타나서 다 차려놓은 밥상을 태연히 먹어치우거나 밥이 없으면 투정까지 부렸다. 그 중 김 형은 정치 하는 선배들과 밤늦게까지 어울리다 고주망태가 되어, 영락없이 통행금지에 걸려 파출소 신세를 지고 있겠지 할 때 육자배기 한 곡조 멋들어지게 뽑으며 용하게 대문을 찾아들었다.

그 후 우리는 군대를 갔다 오고 정 형은 5 · 16군사정변 후 국토건설단에 갔다 오는 등 바쁘게 세월을 보냈다. 그동안 정 형은 월간 ≪현대문학≫에서 소설로 추천을 완료한 후, 다작에 문제작가로 인정을 받았다. 그리고 김 형은 서대문에서 연소 국회의원으로 당선된 후, 연거푸 3선을 하였다.

하지만 신神은 그들에게 행운만을 주지는 않았다. 제3공화국 정권이 10월 유신이라는 명분으로 계엄령을 선포하자마자 김 형은 형무소 신세를 지게 되고 정치정화법인가 하는 것에 묶이더니 연달아 내란음모사건에 말려 17년 동안 정치활동을 하지 못했다. 또 무슨 운명인지, 기독교 집안에 태어나 공산당이라면 고개마저 우로 돌리던 정 형도 ≪한양≫지 사건 때 문인간첩으로 몰려 서대문형무소 생활을 했다.

나는 김 형이 있었던 서대문구치소, 안양교도소와 출소할 당시 있었던 경주교도소를 찾아다니며 항시 그가 무고하기를 빌었다. 그리고 정 형이 재판을 받는 날이면 누구보다 먼저 서소문 대법원 서쪽 담 옆에 있는 비둘기장 문 앞으로 나가 그의 얼굴을 기다렸다.

그 숱한 역경을 치르고도 의지를 굽히지 않고 인생을 열심히 살아온 만큼, 이제 그들은 사회적으로 존경을 받고 있다. 그러나 본시 인간은 불안한 존재다. 그들이 너무 급히, 너무 초조하게 또 너무 많은 것을 성취하기 위해 무리를 하지나 않을까 걱정이 된다.

지금 우리는 이제까지 걸어온 길보다는 앞으로 걸어갈 짧은 길을 남겨두고 있다. 인생에 있어 과정보다는 결과가 중요하다는 말들을 한다. 그러나 현실을 살아가는 우리들의 주변에는 온갖 유혹과 함정이 무수히 도사리고 있다. 특히 정치인이나 예술인이 지조와 절개를 지키며 살아가기란 무척 어렵다.

서구적인 실리추구의 사상이 들어오기 전까지만 해도 우리 선조들은 지조를 생명으로 여기며 살아왔다. 고려와 조선조 천 년의 역사 속에서는 숱한 선비와 의사들이 충절을 지키기 위해 목숨을 바쳤다. 또 일제 36년 동안에도 많은 독립투사들이 나라를 찾기 위해 목숨을 걸고 지조를 지켰다.

그러나 해방 후 40여 년을 돌아볼 때, 온 국민의 숭앙을 받는 정치인이나 예술가가 적다는 것은 그 많은 인재들이 현실에 영합하거나 불의에 타협했음을 여실히 보여준다고 하겠다. 그 중에서도 가장 안타까운 것은 중년까지 잘 지켜오던 지조와 절개를 말년에 가서 굽혀버리는 사람들이 너무도 많다는 사실이다.

늙어서 노욕老慾을 버리고 만절晩節을 지키는 것은 무척이나 어렵다지만 도연명의 〈귀거래사歸去來辭〉 한 구절쯤 읽어 보면 그다지 어렵지만도 않을 듯한데, 어째서 탐욕을 버리고 분수를 지키는 선비들은 줄어만 가는지.

천지에 몸담았으되 다시 얼마나 살 것인가
그 어찌 본심 따라 분수대로 살지 않으리
무엇을 위해 허겁지겁하다 어디로 간단 말가
부귀는 내 소망이 아니요
천국은 내가 바랄 수 없는 곳
이제 주어진 운명만을 즐기는데
다시 무엇을 의심하랴.

우리는 그 어려운 상황 속에서도 남다른 우정을 나누며 30여 년 간 고락을 같이해 왔다. 이제 남은 것은 노추老醜를 버리고 만절晩節을 지키는 일이다. 김 형이 태어난 장성도 좋고 정 형이 자라난 남해도 좋고 내 고향 돌산도 좋다. '인생칠십고래희人生七十古來稀'라 했는데, 앞으로 한 10년 열심히 사회를 위해 봉사하다 산 좋고 물 맑은 곳으로 돌아가자. 거기서 그 옛날 상도동 토굴집 앞 우물가에서 서로의 내의를 빨아주던 그 시절을 돌이켜며 가양주 한잔으로 옛 정을 나눠보지 않겠는가?

— 1995. 9.

석고상을 보며

내 1층 침실 창가에 석고로 된 모형물이 하나 있다. 그 뒤에는 푸른 철쭉나무가 가지를 탐스럽게 뻗고 있다. 봄이 오면 분홍꽃이 만발하고 한겨울에는 푸름을 간직한 채 흰 눈을 힘겹게 받치고 곧 쓰러질 듯하면서도 용케도 버티고 섰다. 창문을 열어놓으면 철쭉 가지가 석고와 좋은 조형을 이룬다.

이 석고물은 누가 만들었으며 어느 때 이곳에 왔는지는 모르지만 나하고는 10여 년 간 사귄 것 같다. 석고로 빚어진 이 사람의 모습은 나이로는 60쯤 되어 보이는데 면도를 얼마쯤 못했는지 제법 수염이 길다. 코는 오뚝한데 입술은 햇볕에 바랬는지 핏기가 가셨다. 머리엔 맥고모자를 비스듬히 눌러 썼는데 왼쪽 가닥은 잘린 채 하늘로 치솟았다.

불룩한 배 한 자락을 덮은 양복은 어깨부터 축 늘어졌다.

그러나 양복단추 하나만은 잠가 배꼽은 드러내지 않았다. 다리를 꼬고 앉은 오른쪽 바지는 담뱃불에 탔는지 무릎이 나갔고 바짓가랑이 아래가 또 닳아서 장딴지까지 올라왔다. 발가락이나 손가락을 보니 길쭉하고 곧게 뻗은 것이 귀족집 후손 같은 티가 난다. 그가 앉은 벤치의 오른쪽에는 빨간 병마개 뚜껑이 닫힌 양주병이 있고 왼쪽에는 벗은 신발이 한 짝은 제대로 놓여 있고 한 짝은 엎어져 있다. 맨발 옆 벤치 밑에는 고풍스러운 가방 하나가 놓여 있다. 가방 무늬가 삼각무늬라 안정감은 있는 것 같은데 그 속은 텅 빈 것 같은 공허감이 풍긴다.

나는 가끔 이 석고상을 들여다본다. 모든 것을 다 털어버린 안온함이 그 분위기에서 풍기기 때문이다. 편안한 옷을 걸치고 벙거지 하나 머리에 얹고, 술 한잔 곁들이고 거나한 채 아무렇게나 신발을 벗은 맨발로 달랑 가방 하나 옆에 놓고 한가롭게 낮잠에 빠져 있는 그런 모습이 그렇게 마음 편하게 보일 수가 없다.

가로 세로 30센티도 되지 않는 공간에서 무아의 경지에 흠뻑 젖어 있는 석고상을 생명이 없는 것이라고 탓하기에는, 살아 있는 현세가 너무 메말라 있다.

오늘 아침에도 잠에서 깨자 창호지 창문을 열고 석고상을 바라보았다. 저런 느긋함으로 오늘 하루를 보내자는 속셈에서이다.

아침 햇살이 석고상의 콧등에 얹혔다. 시계가 여섯 점을 친다. 나는 무심결에 현관문을 열고 뜨락에 나갔다. 잔디 위 두 곳에 신문이 널려 있다. 습관대로 신문을 양 손으로 받쳐 들고 1면을 훑어보았다. 가능하면 신문 1면은 보지 않고 경제면이나 문화면만 봐야겠다는 다짐을 했으나 한번도 지켜지지 않는다.

한 신문은 그제 여의도 클럽에서 B총장이 '주사파'가 1만 5천 명에서 3만 명에 이른다고 발언한 것과 과감하고 결단성 있는 총장이라는 칭송의 기사로 신문 대판 4~5면을 가득 메웠다. 유난히 그동안 여러 일간지가 대서특필한 B총장의 주사파 경계 발언을 눈여겨보아왔는지라 '그 말이 그 말이겠지.' 하고 신문을 덮었다. 또 한 신문은 동판도 선명하지 않고 가로 조판에 전부가 한글이라 나에겐 가독력이 떨어지는 신문으로 별 호감이 가지 않지만, 그러나 가끔 다른 신문에서 접하지 못하는 기사나 논평이 있어 오늘도 '혹시' 하고 신문을 들었다.

1면 오른쪽에 낯익은 사람의 캐리커처 동판과 함께 '매카시즘 공포정치의 교훈'이란 논단이 눈을 끌었다. 메마른 잔디 위에 털썩 주저앉았다. 아직 폭염의 잔서가 가시지 않았는지 앉은 자리가 따뜻하다. 천천히 읽기로 하였다. 방금 창가 베란다에 앉아 있는 석고상의 느긋한 모습이 머리에 떠올랐다. 이 논단은 "모두가 제정신이 아니다. 상식과 정상은 간데없고 비상식과 비정상이 지배하고 있다. 조용한 이론과 정연한 논리는 밀려나고 우격다짐과 고함소리만 이 나라 안에 가득하다. 증오와 공포의 원시시대이다."라고 시작하고 있다.

머리 위에서 감나무 잎이 떨어진다. 아직 가을도 아닌데 올 여름이 하도 가물고 메말라 푸른 나뭇잎이 때도 철도 없이 잔디 위에 소복이 쌓인다. 지난 여름의 후텁지근한 무더위와 목타는 가뭄만큼 핵이다, 김일성의 죽음이다 하고 마음과 머리를 지지고 볶았다. 이제 아침저녁으로 서늘한 샛바람이 가을길을 튼 것 같은데 아직 세상은 무덥고 짜증스럽다.

"타인의 사상이 의심스럽다고 밀고하는 자는 그 진실 여부에 대해 책임을 지지 않는다. 즉 밀고의 무책임성이다. 민주주의 제도의 대원칙인 증거재판주의가 폐기된 것이다. '누구누구가 빨갱이다.'라거나 '빨갱이일지도 모른다.'라고 발언하면 그것이 아무리 근거 없고 무책임한 발설이라도 영웅의 칭송을 받고 용기 있는 지식인의 표상이 되었다."라고 논단은 기술해 나갔다.

아침햇살은 동녘 처맛자락에 걸렸다. 유난히 맑은 햇살이다. 참새 두 마리가 남새밭에 날아든다.

이 남한 땅에 그 무수히 명명된 빨갱이들 못잖게 저 북한에는 얼마나 많은 동포가 미제국주의의 앞잡이로 처형되고 고통받고 있을까.

나는 논단의 끝부분은 읽지 않고 신문을 덮었다. 아침밥을 차려놓았다는 딸아이의 음성이 들린다. 나는 식탁에 앉아 아침 분위기와는 맞지 않는 〈황태자의 첫사랑〉의 주제곡을 틀라고 했다. 그리고 4년 전인 1990년 10월 2일 하이델베르크에서 있었던 독일 통일전야제를 떠올렸다.

옛 성터에서는 폭죽이 터지고 거리와 거리에는 통일독일 국기의 물결이 인파와 같이 너울거렸다. 나는 그때 내 나라의 통일의 날을 진심으로 기원하였다. "드링 드링" 하고 힘찬 〈축배의 노래〉가 끝나자 격랑의 감정도 사그라졌다. 아침 출근을 재촉하는 벨 소리가 요란하다. 와이셔츠를 입고 넥타이를 매면서 또다시 창가 베란다에 놓여 있는 석고상을 본다. 이렇게 현실이란 업고業苦의 멍에를 짊어지고 살아야 하는 건가. 헐렁한 작업복에 김삿갓 시집 하나 바지 뒷주머니에 꽂고 훌쩍 서울을 떠나, 코스모스가 핀 어느 이름 모를 간이역의 벤치에 발을 꼬고 앉아 멍하니 넋 잃은 천치가 되고 싶다.

— 1994. 10.

한복의 세계

옷이 날개다. 김국환의 〈타타타〉에서처럼 사람은 날 때 벌거숭이로 태어나 옷 한 벌 걸친 것만으로도 살 만한 세상인지 모른다.

그런데 한 벌 걸친 그 옷이 사람의 사상이나 인격에 지대한 영향을 주는 경우가 많다.

한복을 즐겨 입던 김구 선생이나 조만식 선생은 한민족으로서의 지조를 꿋꿋하게 지키다 돌아가셨다. 한복과 양복을 번갈아 입으면서 독립운동을 하였던 이승만은 서구적 실용주의 탓이었는지 대의명분보다 현실감각에 민감하여 자기의 실익을 위해서는 자기를 탄압하는 일본의 앞잡이들과 잽싸게 손을 잡고 정권을 잡았다.

지금이야 한복보다는 편리한 양복이 일반화되었지만 7, 80

년 전만 해도 한복을 즐겨 입는 사람과 양복을 즐겨 입는 사람들의 의식구조가 판이했다.

나는 어렸을 때부터 한복을 입은 할아버지가 무척 존경스러웠다. 두루마기의 긴 옷고름을 늘어뜨리고 향교 출입을 하시던 할아버지에게, 양복에 넥타이를 매신 아버지보다 어쩐지 친근감이 갔다.

마고자 차림으로 중학생인 나를 무릎 꿇려 앉힌 다음, 대나무궤 속에 가득 찬 목활자로 인쇄된 파평坡平 윤씨 족보를 내놓고 손자에게 보학譜學을 강론하시던 그 존엄한 자태가 한복의 위풍으로 더 돋보였던 것 같다.

그렇게 선망의 대상이었던 한복을 결혼할 무렵 어머님이 한 벌 지어 주셨는데, 광목 바지저고리에 어머님이 손수 짜신 명주 두루마기의 소박한 것이었고, 결혼 때 처가에서 받은 한복은 비단으로 호박단추까지 단 호사스러운 것이었다. 아버님 기일이나 제를 올리는 설과 추석 때면 어머님이 지어주신 한복을 즐겨 입었고 평상시에는 비단으로 된 한복을 입었다.

나들이할 때는 한복이 번거롭지만 집에서 손님을 맞을 때 그리고 윷놀이나 가끔 만져 보는 화투놀이를 할 때는 편하기 그지없다.

20여 년 전 ≪다리≫지 필화사건이란 것으로 서대문교도소 신세를 졌다. 그때 푸른 죄수복을 입고 있다가 1주일쯤 후에 한복 솜바지 저고리 한 벌이 차입되었는데 그렇게 기쁠 수가 없었다. 나는 그날 밤 한복을 입고 두 평 남짓한 독방을 서성거리며 잠을 이룰 수가 없었다. 내가 들어 있던 방이 이승만 박사가 들어 있었던 방이라고도 하고, 또 죽산 조봉암 선생이 옥고를 치렀던 방이라고도 했다. 그래서인지 내가 대단한 정치범인 것 같은 착각에 빠지기도 하였는데, 한복을 입고 나니 더욱 혁명가 같기도 하고 민주투사 같기도 하다는 생각에 사로잡혔다.

면회 한번, 목욕 한번, 변변한 운동 한번 해보지 못하고 독방 생활 100여 일과 몇 차례의 검사취조, 또 재판을 거치면서도 비굴하지 않았던 것은 조국의 독립을 위해 목숨을 초개같이 버렸던 독립투사와 민족지도자들이 입었던 한복의 정신이 나에게도 작용하였던 탓이 아닐까.

지금도 나는 집에서 한복을 즐겨 입는다. 겨울에는 서대문 교도소에서 입었던 바지저고리를 꺼내 입는다. 그때의 고통을 잊어버리거나 수없이 다짐했던 결심들을 망각의 늪으로 빠뜨리지 않기 위한 각오에서이기도 하지만 입고 있으면 편안하고 어머님의 품속같이 포근해서이다.

여름이면 누런 빛을 띤 삼베 한복을 꺼내 입는다. 소매끝이 말리기도 하고 바짓가랑이가 주름잡혀 덩실하게 허리춤으로 말려 오르기도 하지만, 창에 발을 치고 갈대 돗자리에 앉아 독서삼매경에 잠길 때면 무릉도원이 어딘가 할 정도로 선경에 빠진 듯한 기분에 젖는다.

그러다 태극선을 손에 들고 녹음이 우거진 정원을 거닐어보기도 하고 지하 서고에 가득 찬 한적에서 풍겨나오는 몇백 년이 지난 책냄새를 맡기도 하며, 그 숱한 선비들의 낭랑한 독경소리가 들리는 듯한 서가 사이를 거닐다 보면, 내가 입고 있는 한복이 한결 제격이구나 하는 생각이 든다.

나에게는 한복이 정신이요, 지조다. 그리고 수백 년 내려온 조상의 넋이요, 할아버지의 교훈이다.

화학섬유로 만든 옷에 가려진 몸을 부지하고 있는 현대에 살면서 무명 한복을 입고 즐길 수 있다는 것이 얼마나 행복한가.

무명 치마저고리를 입고 곱게 빗질한 머리에 은비녀 꽂고 화사하게 웃고 서 있는 어머님의 영상이 6월의 태양 아래 눈부시게 떠오르는 것도 한복의 혼이 나의 눈을 번쩍 뜨이게 함이 아닐까.

— 1992. 7.

세 여인

숱한 사연들이 적힌 크리스마스 카드와 신년 인사장에서 나는 묵은 한 해가 가고 또 새로운 한 해가 돌아옴을 느낀다.

예쁜 크리스마스 카드를 정성스럽게 집어넣어 보내온 봉투를 여는 즐거움, 인쇄물 인사장 옆 언저리의 좁은 공백에 정성어린 글귀 등을 적어 넣어 보내온 연하장을 읽는 흐뭇함은 가는 해의 서운함쯤은 덮고도 남는다.

그동안 범우사에서 숱한 직원들이 같이 일하다 떠났다. 그 중에는 출판계에 몸담고 있으면서 나와 자주 만나는 사람도 있지만 외국으로 떠났거나 또는 오지에 가서 선생을 하는 사람, 남편을 따라 시골에 가 사는 사람 등등 헤어진 후 한번도 만나지 못한 사람도 있다.

이런 사람들에게서 보내온 카드나 연하장은 어떤 형태의 것이든 정감이 더하다. 나는 그 카드나 연하장을 몇 번 되풀이 읽고 그것을 내 등 뒤 남쪽으로 난 창호지 바른 창문에다 압핀으로 꽂는다. 그리고 음력설이 지나도록 수시로 쳐다보며 지난날을 돌이켜본다.

내가 ≪다리≫라는 잡지사의 주간일을 맡아보면서 출판사를 경영하던 초창기에 같이 일을 하던 사람 중에 K양이 있다. 벌써 20여 년이 지난 옛날이다. 그때 K양은 야간학교를 다니면서 잡지사에서 근무하고 있었다.

≪다리≫지는 박정희 정권의 10월 유신 직전에 독재정권에 대항하여 싸웠던 민주언론지였다. 자유당 독재정권과 박정희 군사정권 초창기에 무섭도록 독재에 항거하였던 ≪사상계≫가 문을 닫고, 그와 같은 잡지가 창간되었으면 하는 민주인사들의 공감대 위에 창간된 것이 바로 월간 ≪다리≫지였다.

≪다리≫지는 창간되기 전부터 숱한 탄압을 받았다. 잡지 등록의 필수조건인 인쇄소와 인쇄인 선정부터 관의 간섭으로 우여곡절을 겪어야만 했다.

그 후 창간은 되었지만 원고를 구하는 일, 제작을 하는 일 등 무엇 하나 쉽지 않았다. 중국 문제라면 반공적인 입장 외에는 절대 다룰 수 없는 금기사항으로 되어 있던 당시에 리영희 교수가 최신정보를 통해 '죽의 장막' 속의 중국 문제를 적나라하게 다루기 시작했고, 김동길 교수가 〈원에게 주는 글〉이란 서간체 에세이로 박정희 독재정권을 신랄하게 비판했는데, 그런 글들을 ≪다리≫지는 게재하기 시작했다. 그래서 탄압이 심해지면 자진 휴간호를 내놓고 편집제작 책임자가 은신을 했다가 다시 탄압이 늦추어지면 복간호를 내는 등 온갖 수단을 써가며 민주언론 투쟁을 했다.

그런데 어느 날 조판소로 원고를 가지고 떠난 K양이 당시 광화문에 있던 대한교육연합회관 지하다방 층계에 털썩 주저앉아 무엇인가를 움켜 안고 소리내어 울고 있고, 잠바차림의 건장한 사내들이 그런 K양의 팔을 낚아채며 시비를 걸고 있다는 전갈이 왔다. 편집실에 있다가 부리나케 그곳으로 쫓아간 나를 보자, 그들은 슬금슬금 그 자리를 떠나는 것이었다. 나이 어린 소녀가 양 팔로 껴안은 물건을 빼앗기지 않으려고 안간힘을 쓰며 울고 있는데도, 층계를 오가던 그 많은 사람 중에 누구 하나 나서서 사정을 알고 따져보려 하지 않는 풍토는 지금이나 예나 다름이 없는 것 같다.

K양이 잡지사를 나와 원고뭉치를 가지고 버스 정류장으로 가는 길에 두 사내가 나타나서 봉투 안에 있는 것이 무엇이냐고 물으며 불신검문을 하자, 그 원고는 절대로 보여줘서는 안 되며, 또 잘못하면 갈취당할 염려도 있다는 생각에 가장 가깝고 또 사람의 내왕이 잦은 교련다방으로 도망치다 지하 층계에서 붙들렸다는 것이다.

그 원고뭉치 속에는 그 유명한 김지하 시인의 문제희곡 〈나폴레옹 코냑〉과 〈통제받지 않는 권력은 악〉이라는 김대중 의

원과 김동길 교수의 권두대담, 이병린 변호사의 〈주권은 빼앗기고 있다〉는 글 등 독재자를 뼈아프게 꾸짖는 글들이 들어 있었다.

K양의 기지와 혼신의 저항으로 1972년 창간 2주년 기념특대호인 ≪다리≫지 9월호는 빛을 보게 되었다. 그러나 불행하게도 그 잡지가 나온 한 달 후인 10월에 박정희 독재자의 영구집권을 꾀하기 위한 10월유신이 선포되어 ≪다리≫사는 만신창이가 된 채 문을 닫고 말았다.

그 후 K양은 전화 한 대에 책상 넷이 놓인 다섯 평 정도 되는 출판사에서 나와 함께 일을 하게 되었다. 그녀는 경리일도 하고 교정도 보고 심지어는 광고와 표지 디자인도 맡아 했다. 참으로 부지런히 일을 해주었다. 일한 만큼의 반대급부도 받지 못하고 열심히 일하다가, 사무실을 확장할 무렵 그녀는 결혼을 하였다. 그때 나는 퇴직금도, 결혼 축하금도 변변히 주지 못하고 떠나보낸 것 같다.

그 단발머리 학생, 다부지고 근면하고 성실하였던 그녀는 지금은 두 아이의 엄마가 되어, 남편을 따라 독립기념관이 있는 충청도에서 살고 있다. 몇 해 전엔가, 출판사를 떠날 무렵 같이 근무하였던 L여사, J여사와 같이 아이 둘을 데리고 사무실에 놀러왔다. 그리고 그 후로도 출판사의 창립기념일이나 연말 연초면 회사의 발전과 나의 건강을 빌어준다. 그리고 우편물을 보낼 때나 전화통화시에 아이들을 키워놓고 시간이 나면 다시 범우사에 근무할 테니 그때는 꼭 채용해달라는 당부를 잊지 않는다.

K양이 퇴사하기 1년 전, 사세가 좀 확장되면서 편집실에 L양과 J양이 입사를 했다. 그들도 매년 7, 80종의 신간을 내기 위해 밤낮을 가리지 않고 부지런히 일을 해주었다. L양은 신학대학 출신으로 함석헌 선생을 존경하던 정의파였다. 씨올의 소리에 심취해 있었고 반체제 인사들의 모임에는 열심히 참여 하는 현실참여파 여성이었다. 그녀도 2, 3년 출판사에서 근무하다 적령이 되어서 시집을 갔다. 그 후에 남편을 따라 미국으로 공부를 하러 간다는 연락이 있은 후 몇 년 간 소식이 끊겼다가 6년 전쯤 옛 서울고교 자리인 경희궁터에서 전국도서전시회가 열렸을 때, 우리 출판사 전시장으로 찾아왔다. 남편이 공부를 마치고 다시 한국에 돌아왔다는 것이다. 미국에 가서 무슨 공부를 하였느냐는 내 물음에 그녀는 힘없이 고개를 떨구면서 남편 뒷바라지와 아이 키우는 일을 하다 돌아왔다는 것이다.

나는 그때 그녀에게 여자도 이제는 자기 직업이나 자기 학문, 자기 취미 등 자기 세계를 가져야 될 때가 오지 않았느냐고 반문하면서, 남자와 동등해지려면 그럴 수 있을 만큼의 자기 세계를 구축하라고 말했다. 그러기 위해서는 남자들보다 힘이 더 드는 것이 사실이다. 가정을 꾸려나가고 남편 뒷바라지를 해야 하며 아이들을 키워야 하는 무거운 짐이 부여되어 있기 때문이다.

우리는 가정주부들이 아이들을 모두 성장시켜 놓고 고독과 허탈감에 빠져 자신도 모르게 자기 삶을 깊숙한 늪 속으로 빠뜨리고 있는 사례를 얼마든지 볼 수 있다. 나는 그녀에게 문장력도 있고 하니 작품을 써보는 것이 어떠냐고 권유해보았다. 요사이는 신문사에서 문학강좌 같은 것을 하여 창작기법 등을 강의하고 있으니 기초적인 문장작법을 배우고 닦으면 그리 어렵지 않게 작품을 쓸 수 있을 것이라고 했다. 꼭 작가가 되고 남에게 보이기 위해서라기보다 자기성찰과 자기세계를 갖는 방법으로라도 한번 시도해보라고 권유했다. 그녀는 미루나무 밑에 놓인 벤치에서 일어나며 "할 수 있을까요?" 하는 말을 남기고 낙엽을 밟으며 석양을 등지고 사라졌다.

그 후 그녀는 문학강좌에 나가 산문을 써보려고 시도해보았으나 뜻대로 되지 않았던지 운문 쪽으로 방향을 바꾸더니, 시로 문예지의 추천을 완료하고 시집도 출간하는 등 작품활동을 활발히 하고 있다. 그리고 '생은 노력한 만큼 그 보람을 안겨준다.'는 짧은 글귀의 엽서와 또 그녀의 작품이 실린 책을 보내와 메말라가는 나의 정서에 온기를 안겨주었다.

그녀와 같이 입사했던 J양은 샘이 많고 부지런하고 고집스러운 여인으로, 그녀의 아버지와 나는 동향인이다. 당시 명문 여고를 졸업하고 가정형편이 곤란하여 진학을 못하고 출판사에 취직을 했는데 억척꾸러기였다. 자신이 교정을 본 책을 남이 보는 것을 싫어하고, 모르는 것이 있으면 어떻게든 알아서 스스로 해결했다. 그리고 베테랑 편집자도 하기 어렵다는 교료를 입사한 지 반 년 만에 해냈지만 전혀 오식을 찾아낼 수 없을 만큼 완벽주의자였다. 다른 사람이 교정을 봐서 출간된 책은 쉬는 날이나 퇴근 후에 집에 돌아가서 교정을 보아 다음 쇄를 찍을 때 교정본으로 제시할 만큼 철저하였다.

그녀는 방송통신대학이 생기기 전이라 등록금 문제 등으로 야간대학에도 진학하지 못하였지만, 항시 대학에 진학하여 공부하는 것이 소원이라 했다. 대학을 보내주겠다는 남자가 나타나면 어지간하면 시집을 가겠다고까지 하더니 드디어 이상적인 남자가 나타나서 결혼을 하였다. 그 후 아들 하나를 낳고 자신의 뜻대로 외국어대 노어과를 졸업, 동시통역대학원을 마치고 박사코스 진학을 위해 지금도 번역일을 하면서, 자신이 설정한 꿈을 성취시키기 위해 부지런히 일하고 있다고 한다.

이 세 여인 이외에도 강원도에서 농아들의 교육을 위하여 정열을 쏟고 있는 C양 등 범우사를 거쳐간 많은 여성들이 있다. C양은 J대학 국문과를 다니던 수재인데 대학교 졸업을 앞두고 심한 열병으로 귀머거리가 된 후, 차차 말을 잃게 되었다. 그러나 그녀는 그러한 고통을 극복하며 우리 출판사에서 4~5년간 근무하는 동안에도 단국대학원에서 사회복지학을 전공하여 석사학위와 농아교사 자격증을 취득했다.

그녀는 이태 전 근무확인서를 떼러 출판사를 다녀간 후로 소식이 없지만 그의 성실성과 근면성으로 보아 많은 일을 충실히 하고 있을 것이다.

나는 이제 쉰다섯 번째의 새해를 맞았다. 출판계에 들어선 지 서른다섯 해, 출판사를 경영한 지 스물다섯 해로 적지 않은 세월이 흘렀다. 그동안 직장동료로, 경영자와 사원 관계로 또는 문학을 같이하거나 고서수집 등의 동호인으로 많은 여인들과 사귀어왔다. 그런데 그들은 거의가 한결같이 인생을 열심히 사는 사람들이었다.

지금도 출판사를 떠난 몇몇 아이엄마들이 아이를 업거나 걸리어 친정집과 같은 범우사에 와서 일거리를 가지고 가 교정을 보아온다. 그들의 일이 내가 경영하는 출판사에 힘이 되어 주고 그것이 이 나라 문화발전에 엄청난 기여를 해주고 있다는 것을 생각하면, 그들은 위대한 어머니이며 아울러 문화창조자라는 칭송을 보내도 아깝지 않다.

신정연휴 동안에 혹 그들에게서 온 연하장의 답신이 빠지지 않았나 챙겨보아야겠다. 그리고 연하장 귀퉁이에 '한번 시간내어 놀러 오십시오.'라는 인사말이라도 보태야되겠다.

— 1991. 2.

4부

자기철학과 지조

사람을 가르치는 일

욕망의 간이역

가을을 맞으며

책이 있는 풍경

책이 있는 마음

이 가을, 고서의 숨결과 더불어

출판의 길

송하송送夏頌

독일 구텐베르크 인쇄 박물관을 찾아서

자기철학과 지조

봄기운이 완연하다. 뭇사람들이 거리로 쏟아져 나온다. 옷맵시도 산뜻하고 걸음걸이도 사뿐하다. 더벅더벅 보도블록 위를 걸어간다. 내 걸음이 느려서인지 뒤따라오던 사람들이 내 어깨를 스치며 앞질러 가기도 한다. 연인끼리 팔짱을 끼고 인파人波 사이로 아슬아슬하게 비집고 걸어가는가 하면 떼거리로 사람들이 몰려가고 몰려오기도 한다.

나는 이런 번잡한 거리를 얼마쯤인가 걸었다. 혹 아는 사람이 한 사람쯤? 하는 기대를 가지고 토요일 오후의 거리를 걸었다. 만나면 가까운 원두커피집에 들러 따끈한 차를 한잔 나누며 이야기를 하고 싶었다. 사람에 따라 정겨운 말이 이어질 것 같고 가능하면 오랜 친구를 만나 어떤 내용이든 속마음을 털어놓고 싶었다. 그러나 도시의 석양이 빌딩 사이로 스며드는데도 나는 한 사람의 지인을 만나지 못한 채 문득 발걸음을 멈추고 잿빛 하늘을 올려다보았다.

내가 살아오는 동안에 많은 친구가 있었다. 그 많은 사람들이 전생의 연에 의해서 맺어진 것이라면 그 세월도 무척이나 길었으리란 생각이 든다.

내가 가장 먼저 사귄 친구는 일본아이였다. 일본 진자神社지기의 아들인 다케야마竹山라는 뚱뚱보였는데 마음이 무척 여린 아이였다. 초등학교 1학년 때 모든 아이들이 내 옆에 앉아 짝이 되어주지 않으려 했다. 마늘냄새 나는 조센징이라고 일본아이들은 나를 구렁이 피하듯이 피했다. 그때 담임선생의 명령에 의해 마지못해 짝이 되어준 것이 다케야마였다.

그와는 가끔 싸움질도 했지만 우리 집안이 일본땅을 떠나올 때까지 2~3년간 그는 나의 귀중한 친구가 되어 주었다.

한국에 돌아온 후로 같은 마을 친구, 동갑내기, 학교친구 등 숱한 친구들이 생겼다. 그로부터 50년, 어쩌면 나의 한평생이 친구와의 사귐과 헤어짐의 연속의 역정歷程이 아니었는가 하는 생각이 든다.

좋은 친구를 만났을 때는 자극을 받아 그 시절에 쌓은 일들이 보람된 것들이었다면, 못된 친구를 사귀었을 때는 시간을 허송하거나 잡기雜技에 빠져 후회스러운 시절을 보내기도 했다.

그런 소용돌이치던 청년기를 보내고 장년기에 접어들면서 직업관도 확립되고 사귀는 친구의 반경도 좁아지기 시작했다.

내가 종사하는 일이 출판업이라 출판인들과의 교류가 잦아지고 또 같은 길을 걸어가고 있다는 동지적인 유대감이 다른 분야의 친구들보다 깊어져갔다. 걸어가는 방향이 같으므로 대화의 폭도 넓고 깊으며 업계에 대한 정보도 서로 공유할 수 있어 좋다고 생각했다.

그래서 그 중에서도 가까운 친구들끼리는 업계를 위해 혁신적이고 헌신적인 안들을 내놓고 그것들을 실현시키기 위해 머리를 짜곤 했다. 그 혁신적인 일을 진행하기 위해선 보수적인 사고를 가진 상대가 있기 때문에 우리들끼리의 의협심을 더욱 다지기 위해 ≪삼국지≫에 나오는 촉나라의 유비, 관우, 장비의 도원결의桃園結義를 따르자는 서약을 하기도 했다.

그리고 주변에서는 우리들을, 프랑스 작가 뒤마의 소설 ≪삼총사≫에서 리슐리외 추기경의 권세와 음모에 반항하였던 아토스, 포르토스, 아라미스 세 친구처럼 출판계의 삼총사라 불릴 정도로 돈독한 우정을 나누기도 했다.

그러나 그런 우정들이 북망산 가는 날까지 지속되기란 어려울 것 같다. 조그마한 이해득실로 균열이 생기고 그것이 교차점을 찾지 못하고 끝없는 평행선으로 이어지는 경우가 있다. 그런가 하면 전혀 납득할 수 없는 고차원적인 술수에 의해 우정의 벽이 무너지는 경우도 있다.

옛날에 명예를 얻게 되면 친구를 버리고, 돈을 많이 가지면 아내를 바꾼다는 말이 있다지만 요사이도 명예를 갖기 위해 친구를 갈아치우는 예는 허다한 것 같다.

그러나 그런 행위 자체를 그들은 정당화한다. 그들은 동지의 편에서 상대편으로 몸을 옮기면서 정정당당한 이론을 내세우지 않는다. 곧잘 치우침이나 떳떳함이 결하지 않았다는 중용지도中庸之道를 내세우거나 중도中道를 표방한다.

우리는 오랜 군사통치하에서 변절하는 숱한 지식인들이 중도를 내세우는 것을 보았다. 민주인사로서 처신하기에는 두렵고 독재정권의 시녀가 되기에는 팥알만 한 양심이 걸림돌이 된 것이다.

중도란 어느 쪽으로도 치우치지 않은 바른 길을 말하는 것이다. 그리고 있고 없음의 어느 쪽도 아닌 진실의 도리가 곧 중도이다. 중도란 그러므로 바른 길이며 진실의 도리를 일컬음인데 양다리를 걸치고 있는 것을 중도라고 생각들 하고 있는 것이다.

우리는 세상을 살아가면서 또 직장생활을 하면서 지도자를 따르기도 하고 상사를 모시기도 한다. 그런데 약삭빠른 사람들은 으레 양다리 처세를 한다. 자기 일에 몰두하며 충실한 직장인으로서 인정을 받아 승진을 하기보다는 끗발 있는 상관이나 경영자 쪽에 손을 넣어서 빨리 승부를 내어보려는 판단을 한다. 그러나 그런 얄팍한 승부수가 통하던 시대는 차츰 지나가고 있는 것 같다. 철저한 자기혁신과 뚜렷한 생활철학을 가지고 어딘가 한곳에 집착하는 장인정신과 지조가 필요한 시대가 온 것 같다.

우리는 얼마 전에 중학교 동창인 문익환 목사와 정일권 전 총리, 두 지도자의 죽음을 의미있게 바라보았다.

한 분은 철저하게 현실에 맞추어 살면서 지위와 명예와 부 등 온갖 영광을 누렸던 분이며, 또 한 분은 현실에 영합하기보다는 철저하게 자기신념을 지키며 한평생을 고난과 싸우다 가신 분이다.

그러나 그 두 분의 죽음은 외롭지 않았다. 어느 쪽이든 한 쪽을 지지하는 나름대로의 세계가 있었기 때문이다. 그러나 민주투사였던 사람이 변절하거나 권력의 주변을 맴돌다 때늦게 민주인사인 척 고개를 기웃거린 사람들의 말로末路는 그 얼마나 외롭고 쓸쓸한가. 우리는 중용이나 중도란 말의 본뜻을 알아야 한다. 그것은 진실된 길을 가는 것이지, 결코 이것도 저것도 아닌 흐리멍텅한 상태가 아니다.

무엇이든 택함을 신중하게 하라. 그리고 그 택함이 옳다고 보면, 그것을 위해서는 모든 것을 바쳐라. 그러면 결코 후회하지 않을 것이다. 그러나 이것저것 재다가 인생을 허송하는 우는 범하지 말아야 할 것 같다.

— 1994. 3.

사람을 가르치는 일

스승의 날이었다. 그날따라 찻길이 막혀 수업시간에 10여 분쯤 늦어 허겁지겁 강의실 문을 열고 들어섰다.

책가방을 탁자 위에 놓고 강의노트를 꺼내놓으려는데 한 여학생이 탐스러운 붉은 장미꽃 한 다발을 나에게 건네주었다. 그러자 강의실 안의 대학원생들이 "선생님, 건강하십시오."라는 인사와 동시에 뜨거운 박수를 보내왔다.

나는 꽃다발을 든 채 감사하다는 인사를 하고, 피곤한 몸으로 이렇게 교단에 서는 것도 큰 보람이 있구나 하고 새삼스럽게 느꼈다. 그리고 나는 진정 이들에게 무엇을 가르쳐주고 있는가 하는 자책 같은 것이 마음을 저미어왔다.

세상은 비정하고 탐욕스럽고 간사하다고들 한다. 어느 곳엘 가나 기쁘고 즐거운 일보다 괴롭고 답답한 일들이 겹쳐온다.

정치는 방향을 잃고 민생은 도탄에 빠지고 윤리는 땅에 떨어지고 산과 물은 공해에 병들어 지구의 종말이 곧 닥칠 것 같은 위기의식에 빠져들고 있다.

그런 좌절과 회의 속에서 인간은 이렇게도 쉽게 해방될 수 있는 것일까. 나는 꽃다발을 손에 들고 아까시가 만발한 교정 밖을 한참이나 응시하고 있었다.

내가 살아오는 동안, 많은 스승에게서 가르침을 받았다. 일제하, 해방, 동란, 쿠데타 등 세월의 굴절이 심했던 시기에 학교를 다녔기 때문에 만 1년을 가르치던 선생이 기억나지 않을 정도라 짙은 정을 주고받은 스승은 없었지만 오늘의 나를 있게 한 것은 역시 스승의 은덕이 분명하다.

강의를 마치고 꽃다발을 안고 승용차에 올랐더니 나와 같이 강의를 나오시는 A교수님도 붉은 장미 한아름을 안고 차 안에서 기다리시면서 즐거운 웃음을 머금고 계셨다.

A교수님은 대학원에 다닐 때 나를 가르쳐주시고 지도해주신 분이며 지금도 내가 살아가는 길에 항시 자문에 응해주시는 스승이시다. 그분과는 같은 시간에 강의가 있어서 같이 학교에 왔다가 퇴근할 때도 방향이 같아 차를 같이 타고 가다 도중에 있는 갈비탕집에서 저녁을 같이해온 지 10여 년이 되었다. 그런데 금년 정초에 동남아 여행을 다녀오신 후 위장병이 생기셔서 이번 신학기부터는 댁에 가서 죽을 드신다고 하여 소찬 대접마저도 하지 못한다. 그날은 스승의 날이고 해서 소등심

이라도 시켜놓고 맥주 한잔 대접하고 싶은 생각이 굴뚝같은데 그러지 못했다. 서운한 마음으로 집에 돌아갔더니, 아내가 H백화점에서 배달되어 왔다는 선물 꾸러미를 내놓는 것이다.

풀어보니 오동상자에 한지에다 곱게 싸 넣은 다기茶器 한 세트가 들어 있었다. 누가 보낸 것인가 하여 봉투에 혹 명함이 붙어 있는지 또 다기 밑에 보낸 사람의 무슨 표시가 있는지 이곳저곳 다 뒤져보았지만 알 수가 없었다. 분명 스승의 날에 보냈으니 후배나 제자겠지 하는 생각은 들었지만 누구인지 알 수가 없었다.

이튿날 나는 아내에게 H백화점에 전화를 하든지 직접 찾아가서 선물을 보낸 사람을 꼭 알아보라고 당부를 하고 출근하였다. 점심때쯤 아내가 H백화점에 전화를 걸었더니, 다기를 사서 배달을 시킨 사람이 자기의 이름을 밝힐 필요가 없다고 했다는 것이다. 세상에 이럴 수가 있을까. 오른손이 하는 일을 왼손이 모르게 하라는 성현의 말은 있지만, 한 푼어치 적선을 몇 배, 심지어는 몇십 배로 불려 과시하는 세상에 내 주변에도 이런 사람이 있단 말인가 하는 흐뭇함이 가슴에 와 닿으면서도 부끄럽기 짝이 없는 나의 과거가 떠오르기 시작했다.

어느 해인가, 중학교 때 영어선생이시던 김관수 선생님이 서울에 오셔서 나에게 전화를 주셨다. 그래서 종로 3가에 있는 맥줏집으로 찾아갔더니 그렇게 반가워하실 수가 없었다. 나는 스승과 같이 옛이야기를 나누면서 저녁이 늦도록 맥주를 마셨다. 선생님은 누님 댁으로 가신다고 가시고 나는 집으로 돌아오는데, 생전처음 스승을 대접했다는 흐뭇함 같은 것이 나를 흥분하게 만들었다. 나는 집에 돌아와서 온 식구에게 자랑을 했을 뿐만 아니라, 그 후에 만나는 동창들에게도 자랑을 하였다. 학교 다닐 때 공부도 못한 내가 그래도 선생님을 대접하였다는 열등의식의 발로 같은 것이었을 것이다.

금년 봄에, 중학교 2학년 때 작문을 가르치셨던 송병수 선생님이 여성단체연합회에서 드리는 장한 아버지상을 수상하게 되었다는 초청장이 사무실로 왔다. 나는 프레스센터에서 거행되는 수상식에 참석을 하였다. 송 선생님은 나의 대선배로 모교에서 교편을 잡으시다 내가 중학교 3학년일 때 6 · 25전쟁이 나자 사범학교로 전근을 가셔서 몇 달밖에 배우지 못했다. 그런데 그때 내가 쓴 작문이 98점인가 우리 반에서 최고득점을 하였다. 그 후 시도 써보고 수필도 쓰는 용기를 갖게 된 것은 그때 송 선생님이 작문시험에서 후하게 주신 점수의 덕이 아닌가 생각할 때가 가끔 있다.

송 선생님은 고향에서 정년퇴직을 하셨으나 우리 한글 보급에 솔선하셔서 글짓기운동 등을 펴나가시며 가장 모범적인 가장으로서 지방에서 모든 분의 규범이 되고 계신다고 한다. 그때 내 손을 잡으시며 고맙다는 말씀을 하시곤 경황중에 헤어진 후, 당신이 시상식 때 하신 말씀을 타이핑한 편지를 보내 주시기도 하였는데, 나는 아직껏 회신마저 하지 못하고 있다.

내가 대학과 대학원에서 강의를 맡은 지도 10년이 넘었다. 가끔은 안성으로, 휘경동으로, 필동으로, 흑석동으로 1주일이면 서너 곳이나 무거운 가방을 치켜들고 잔뜩 스트레스를 받아가며 이리 뛰고 저리 뛰면서 왜 이래야 되는가 하는 회의도 가져보았다. 그러나 스승의 날에 한아름 받은 꽃다발과 누구에게서 온지도 모르는 다기 한 세트를 받은 심정은, 가르친다는 것은 온 세상이 비뚤어져도 그만한 값은 간직하고 있구나 하는 교훈을 주었다.

10여 년 전, 첫 강의시간에 "1년 계획으로는 곡식을 심는 것이 제일이요, 10년 계획으로는 나무를 심는 것이 제일이요, 한평생 계획으로는 사람을 가르치는 것이 제일"이라는 관자管子의 말을 인용한 것이 헛된 일이 아니었음을 이제 와서야 짙게 깨닫는다.

— 1992. 7.

욕망의 간이역

욕망이란 끝이 없는 것일까?

부처님은 ≪수타니파아타≫에서 "발로 뱀의 머리를 밟지 않으려고 조심하는 것처럼 갖가지 욕망을 피하는 자는 마음을 바르게 하여 이 세상의 모든 애착에서 벗어난다. 논밭 · 주택 · 황금 · 가축 · 노비 · 고용인 · 부녀자 · 친족, 그밖에 온갖 것을 탐내는 자가 있다면, 아무 힘도 없는 갖가지 번뇌가 그를 굴복시켜 위험과 재난이 그를 짓밟는다. 그러므로 괴로움이 그를 따른다. 마치 파손된 배에 물이 새어들 듯이. 그러므로 인간은 언제나 바른 생각을 가지고 온갖 욕망으로부터 피하도록 하라. 배에 스며든 물을 퍼내듯이. 그런 욕망을 버리고 거센 물결을 건너 피안에 이르는 자가 되라."라고 말씀하셨다.

그런데 인간의 마음은 한없이 변덕스러운 것인가 보다. 한

가지 욕망을 품었다가 금세 다른 욕망으로 옮겨 가는 것이 우리 인간의 모습인지. 그리고 어떤 욕망을 충족시킨 후에는 그것을 욕망이라고 생각하기보다는 보람이나 성취쯤으로 합리화시키는 경우가 많다.

나는 어렸을 때부터 20대 초반까지는 무척 배를 곯았다. 그때는 끼니를 거르지 않을 만큼만 되었으면 하는 것이 소원이었다.

그러나 고등학교를 졸업하고 나자 어떻게 하든지 대학만 졸업할 수 있었으면 하는 소망이 새로이 고개를 들었고, 고학등으로 입학한 지 9년 만에 대학을 졸업하게 되었다.

그러다 결혼을 하고 3남매의 아비가 되어 남의 집 사글세방을 전전하다보니 이번에는 내 집 갖기가 그렇게도 소원이었다. 그래 일정한 직장도 없이 이곳저곳에서 일해 모은 돈으로 헌책방을 차렸다. 헌책방 경영 4, 5년에 달동네에 블록으로 지은 무허가 집 한 채를 샀다. 문짝도 달지 않은 집이라 첫날은 담요를 쳐서 문을 대신하고 누웠는데도 그렇게 흐뭇하고 자랑스러울 수가 없었다. 서울에 집을 가진 가장이 되었다는 자부심, 이것은 대단한 것이었다. 그 후 그 집을 조금씩 손질하여 웃돈을 받고 팔아가지고 가게가 있는 길갓집으로 옮겼다.

이대로 가면 평범한 서울시민으로서 자식을 교육시키며 부끄러움 없이 살아갈 수 있겠구나 하던 무렵, 큰 변이 생겼다. 친구가 국회의원 선거에 입후보한다고 하여 헌책방을 걷어치우고 선거사무소의 회계책임을 맡았는데, 친구는 당선되었지만 나는 또 실업자가 되고 만 것이다. 혼이 난 나는 정말 안정된 직장만 생기면 종신토록 충실한 직장인으로 살아가겠노라 결심했다. 그러나 내가 근무하였던 몇 곳의 잡지사는 몇 달 안 가서 모두 도산하고 말았다. 박봉을 감수하며 밤낮없이 전력투구를 했는데도 소자본인데다 기반이 없는 형편들이라 속수무책이었다. 그래서 어떤 출판업자는 모든 업종 중 유아幼兒 사망률이 가장 높은 곳이 출판업이라고 말했다.

오랜 실업자 생활을 견디다 못한 나는 출판사(범우사)를 등록하기에 이르렀다. ≪일일공부≫라는 초등학생 과외용 책자를 출판하는 친구동생의 사무실에 책상 하나를 빌려 출판을 시작했다. 나에게 출판사를 운영할 만한 자본이 있을 턱이 없었다. 그러나 10여 년 동안 출판·서적계에 있으면서 남의 돈 한번 떼어먹지 않았던지라 한두 종의 책이라면 기꺼이 조판해주겠다는 사람이 나섰고 종이를 외상으로 공급해주겠다는 사람도 나서 몇 종의 신간을 출판하였다.

물론 생각했던 것보다 훨씬 어려웠다. 그래서 3, 4년간은 다른 잡지사의 편집일을 보아주면서, 일 년에 서너 종의 신간을 냄으로써 최소한 범우사의 명맥만은 유지해갔다. 그러나 '10월 유신'이란 청천벽력 같은 계엄령이 선포되고 내가 근무하던 월간 ≪다리≫사가 문을 닫게 되자, 나는 다시 출판사에만 매달릴 수밖에 없게 되었다.

세 사람의 직원과 나는 혼신의 힘을 다 쏟았다. 기업의 도산이 얼마나 비참한 것인가를 몇 번씩 목격하고 체험했기 때문에 나는 한 종 한 종의 기획에 신중을 기했다. 덕분에 출간하는 책마다, 베스트셀러는 되지 않았지만, 독자들의 호응이 좋았다. 해를 거듭할수록 출간종수도 많아지고 매상도 올랐으며 직원도 한 사람 두 사람 더 늘게 되었다. 조금 여유가 생기자, 신문에 신간도서 안내광고도 하게 되었다. 그리고 한 걸음 더 나아가, 시리즈물도 기획하면서 장기적인 출판기획을 시도해 나갔다. 범우고전선, 범우사상신서, 범우에세이문고 등 시리즈물이 10여 개에 달하자 출판사의 기틀도 어지간히 잡혀가게 되었다. 사무실도 5평짜리 월세에서 37평짜리 전세로 옮기게 되었고, 단독으로 사용하는 건물은 아니지만 자기 지분持分 소유를 갖게 될 만큼 성장하였다.

또 나 개인적으로도 그렇게 하고 싶었던 공부를 마치고 내 실력으로는 가당치도 않은 출판학에 관한 석사학위도 받고 또 분에 넘치게도 대학원에서 강의를 맡게까지 되었다. 어떤 웅지雄志를 가지고 출판계에 투신한 것도 아닌데 업계에서 과분한 대우를 받을 때는 송구스럽기까지 하다.

경제적으로도 30년 전에 비한다면 많은 부를 축적하였다고 할 수 있다. 담요를 문틀에 걸어 바람막이를 삼았던 그 집에서 시작하여 아내의 탈脫가난 작전의 한 방편으로 시도된 일곱 번의 이사 끝에 지금은 번듯한 정원에 부족할 것이 없는 집에서 살고 있다. 어렸을 때 꿈꾸었던 것에 비하면 지금은 그 목표를 훨씬 넘어서 있는지도 모른다.

오늘 두 분의 손님이 우리 사무실에 다녀갔다. 한 분은 초급 대학에서 출판학 강의를 하는 J교수인데 왜 박사 코스를 밟지 않느냐는 것이었다. 그리고 지업사를 경영하는 J사장은 이제 출판사의 연조年條가 20년이 되고 기반도 튼튼하게 다져졌으니 문화창달에 공헌할 수 있는 명예스러운 출판물을 간행하여 출판계에서 존경받는 인사로 성장할 때가 되지 않았느냐는 격려 비슷한 말을 남기고 갔다. 그분들의 말에 나는 현재로서 모든 것에 만족하고 있다고 답했다. 또 오히려 내 인생의 그릇에 비해서 너무도 과분하게 많은 것이 담겨 있다고도 말했다.

두 분이 돌아간 후, 나는 그릇 크기보다 물이 많으면 넘치게 마련이고 기온이 내려가 물이 얼면 그릇이 터진다는 이치를 항시 염두에 두면서 살아야겠다는 생각을 하면서 집으로 돌아왔다. 집에 오니, 우편물이 하나 와 있었다. 서울 근교의 전원지대에 M회원을 위한 택지조성을 하고 있는데 토지값이 엄청나게 싸다는 정보가 담긴 것이었다. 그것을 본 내 마음에는 노후의 안식처를 위해 2백 평 한 필지쯤 사놓을까 하는 욕심이 뱀의 머리처럼 불쑥 솟구쳤다. 부처님은 배에 스며든 물을 퍼내듯이 욕망을 퍼내라고 하셨는데……. 슬프도다. 간사하고 변덕스러운 나의 마음이여!

— 1986. 8.

가을을 맞으며

두어 달 전쯤 H군으로부터 전화가 왔다. 지금까지 다니던 출판사를 그만두고 고등학교 교사 발령을 받아 국어를 가르치게 되었다는 것이다. 축하한다고 했더니 H군은 무척 당황한 음성으로, 추천해주셔서 입사한 출판사를 오랫동안 다니지 못하고 그만두게 되어 죄송하다는 말을 잊지 않았다.

나는 2년 전까지 안성에 있는 중앙대학에서 '출판잡지편집론'이라는 과목을 강의한 적이 있다. 그 과목은 4학년에 한 학기가 들어 있는데, 오후에 있는 세 시간의 강의를 하기 위해 오전부터 부산을 떨어야 하고, 왔다갔다하여 길 위에서 허비하는 시간만 해도 네 시간이나 되었다.

그러나 내겐 그날이 기다려졌고 또 그들과 대화하는 것이 그렇게 즐거울 수가 없었다. 나는, 우리나라 출판잡지계의 현

황, 학생들이 출판잡지계에 투신했을 때의 자세와 전망, 심지어는 곧 사회인이 될 그들에게 인생의 선배로서 어떻게 살아야 하는가 하는 수신적修身的 교육까지 곁들이곤 했다.

또한 출판실무를 좀더 배우고자 하는 학생들에게는 아는 출판사에 부탁하여 방학 동안 실습할 수 있는 기회를 주고 졸업생 중 취업을 희망하는 사람들을 매년 몇 사람씩 취직시키는 등 나름대로 애정과 관심을 쏟았다.

"一年之計 莫如樹穀 十年之計 莫如樹木 終身之計 莫如樹人"이라는 관자管子의 말대로, 곡식을 얻기 위한 1년 농사나 재목材木을 만들기 위해 10년을 기다리는 식수보다 사람을 교육하고 키우는 일이야말로 전생을 바칠 만한 값있는 일이라 생각되어 더욱 전력을 쏟았다.

그런데 내 마음에 변화가 오기 시작했다.

벌써 2년도 더 된 일이다. 어느 날 S출판사의 사장으로부터 전화가 걸려왔다. S출판사의 창업자인 K회장은 당시 국회의원으로 일하고 있어서 동생 되는 사람이 사장직을 맡고 있었다. 그들 형제와 나는 20여 년 전부터 호형호제呼兄呼弟하고 지내는 각별한 사이였다. 사장은 황급한 목소리로, 지금 곧 찾아뵙고 급히 의논할 일이 있다는 것이었다.

30여 분 후, 편집책임자를 대동하고 온 그는 놀라운 말을 했다. 내가 추천하여 입사시킨 N군이 노동조합을 결성하고 임금인상 등 10여 개 조항을 내걸고 농성에 들어갔다는 것이다.

순간, N군이 그럴 수가 있을까 하는 의혹이 내 머리를 때렸다. 그는 3개월의 견습을 막 끝낸 정도의 신입사원으로, 그 출판사에서 얼마나 봉사를 했다고 그런 요구조건을 주장하는 선봉에 설 수 있단 말인가. 공개채용에 의해서가 아니라 나의 추천으로 입사한 사람으로, 추천자를 봐서라도 그런 과격한 행동은 삼가는 것이 최소한의 예의가 아닐까. 또 대학 선배요, 동향인인 사장이 그렇게 간곡하게 만류하고 설득하였는데도 타협의 기미는 전혀 보이지 않고 자신들의 주장만 관철시키기 위해 그렇게 극한 상황으로 치달을 수 있는 것일까?

나는 미안하다는 말과 함께, 내가 나서서 수습할 수 있는 일이라면 기꺼이 N군을 설득해보겠노라고 위로하고는 그들을 돌려보냈다.

그날 저녁 잠을 이룰 수가 없었다. 로마의 통치자 케사르가 자신이 가장 사랑했던 브르투스의 칼에 맞아 죽어가면서 외쳤다는 "브르투스, 너마저."라는 말이 떠올랐다.

이튿날 이른 시간에 나는 곧바로 S출판사로 달렸다. 지하다방에서 N군을 만났다. 그는 아무 말 없이 내 앞에 앉았다. 나는 그에게 사정을 했다. N군으로 인해 한 기업이 망하거나 쇠퇴하게 해서는 안 된다. 내 체면을 봐서라도 N군만은 노동쟁의의 최일선에서 물러나주었으면 좋겠다. 그리고 가장 좋은 방법은, 현 직장을 퇴사하고 내가 경영하는 출판사에 와서 같이 일하자는 등 여러 가지로 타일렀다. 그러나 그는 어떠한 언질도 나에게 주지 않았다.

그 후에도 전화로 또는 주변의 친구들을 통해서 계속 설득하였으나 그의 행동은 더욱 과격하게 치달아가기만 했다. 그는 그 후 직장 노조위원장으로서 K회장이 속한 정당 본부에 가 머리띠를 두르고 농성을 시작해서 K회장을 곤경에 빠뜨리고, 편집부가 해산되게 함으로써 많은 동료들로 하여금 직장을 잃게 했다는 말이 들렸다. 나는 다시 그를 찾아가 간곡하게 애원했다. S사가 잘못되는 경우, 그 가족이나 S사와 연관된 많은 사람들에게 피해를 줄 수 있다. 쟁의를 하는 사람은 일부분이고 여타 사람들은 생계를 유지할 직장을 잃는데, 그 사람들에 대한 책임도 있지 않느냐고 타일러보았다. 그러나 그는 내 앞에서도 노동운동가로서의 당당한 모습을 드러내고 있었다.

물론 경영자에게도 결과론적인 책임이 전혀 없다는 것은 아니다. 하지만 그때나 지금이나 N군이 야속하기만 한 것은, 짧은 기간이나마 내가 가르쳤다는 책임감과 다정하게 지냈던 인연에 대한 서운함이 내 마음에 앙금으로 깔려 가시지 않고 있기 때문이다.

지난해 신학기 중에도 중앙대학교 M교수께서 전화를 하셔서 "출판잡지편집론을 맡아달라." 하시는 것을 외국에 나갈 계획이라는 핑계로 거절하면서, 거짓말을 하는 나 자신이 그렇게 싫을 수가 없었다.

경부선 고속도로를 달리면서 오늘은 무슨 말로 조금이나마 학생들의 삶에 보탬이 될 수 있는 강의를 할 수 있을까. 이 생각 저 생각에 젖었던 지난날들이 그리워진다. 오늘 만약 내가 교단 위에 선다면, 일본에는 도코 도시오土光敏夫 회장처럼 청빈한 생활을 신조로 하는 경제인이 있는가 하면, 일본인은 서양에서 가장 근면하다는 독일인보다 매년 500시간을 더 일하며, 지난해에도 대기업 전체의 파업으로 인한 작업손실 일수가 불과 18일로 선진국에서 가장 근면한 사람들이란 이야기를 했을 것이다.

도코 도시오는 일본에서 최고의 경영인으로 추앙받던 인물로 지난해에 세상을 떠났다. 일개 엔지니어로 출발하여 도산 직전의 이시카와지마石川島 중공업과 도시바東芝를 일으켜 세웠고 '재계의 총리'라 불리는 경제단체연합회 회장까지 지낸 도코 도시오. 그는 15평 정도의 목조가옥에서 시간나는 대로 흙을 만지며 채소를 가꾸고, 정어리말림꽃이를 최고의 성찬으로 여기며 살았다. 하도 오래 입어 낡아빠진 신사복, 닳고 닳은 가죽구두 차림으로 세계 각지를 돌아다녔는가 하면, 골프나 요리 집을 싫어하고 손에서 항상 책을 놓지 않는 다독가였다. 그는 '생활은 낮게, 생각은 높게' 살다 간 인물로서 많은 이의 가슴에 남아 있다. 나는 우리나라 경제계에도 이런 검소한 기업가가 많이 나왔으면 하는 마음에서 작년에 도코 도시오의 어록을 출판하기도 했다.

이제 가을이다. '가을' 하면 누구나 결실을 생각한다. 그러나 뜨거운 여름의 햇볕, 무더위를 식히는 은색의 달빛, 가끔의 바람과 사나운 폭우, 한가로운 흰 구름, 게다가 천둥의 위력까지도 한몫했을 때에만 비로소 가을은 영글어간다.

사람의 삶도 이런 것이리라. 뜨거움과 차가움, 감성과 이성, 극단과 온후……. 이런 것이 서로 잘 조화를 이루었을 때, 한 인격체로서 결실의 계절을 맞이할 수 있지 않을까?

또 한 계절이 바뀌기 전에 차분하고 성숙한 모습의 N군을 만나보고 싶다.

— 1989. 9.

책이 있는 풍경

나에게 가장 인상 깊었던 그림이 있다면 '장 프랑수아 밀레'의 〈이삭줍기〉이다.

나는 어렸을 때 감자나 고구마를 추수한 다음 다른 곡식을 심기 위해 쟁기질을 하다 퉁겨져 나온 감자나 고구마를 줍는 일이 그렇게 신이 날 수가 없었다. 그리고 노랗게 물들어 떨어진 은행나뭇잎을 주워 책장 사이사이에 끼워놓고 그 잎 위에 짧은 시구를 적는 일도 재미있었다.

그 후 나는 엿장수의 가위소리만 들리면 마음이 뛰었다. 엿장수의 엿판 위에 혹 내가 읽을 만한 책이 없나 하는 기대감 때문이었다. 한번은 집에 있는 놋그릇과 책을 바꾼 일도 있다. 그 일로 어머니에게 혼쫄이 나기도 했지만, 엿장수가 엿과 바꿔 가지고 다니던 고물과의 인연은 오랫동안 지속되었다. 시골에 있을 때엔 뤼팽의 탐정소설이나 월간지인 ≪학원≫, ≪수험계≫ 등의 과월호를 엿장수로부터 싼 값에 구해 보기도 했고, 환도 후 서울에 올라와서는 신문지 등을 모아 두었다가 ≪사상계≫, ≪법정法政≫ 등의 해묵은 잡지들과 바꾸기도 하였다.

이렇게 시작된 나의 헌책 수집벽은 오늘날까지 이어지고 있다. 밀레가 추수를 하는 모습이 아니라 추수 후 떨어진 하찮은 이삭을 줍는 사람들을 그렸듯이, 나도 값 비싸고 귀한 것보다는 남들이 하지 않는 이삭줍기와 같은 수집에 취미를 두고 있다.

우리나라의 옛것 중에서도 고려청자나 이조백자, 단원 · 겸재 등의 그림 혹은 율곡 · 완당 등의 글씨를 수집하여 소장하면 오죽 좋을까. 나는 그런 것에 대한 식별의 안목마저도 미치지 못하고 있다. 그래서 20여 년 전부터 헌책 모으기에 취미를 붙였다. 그 전에도 즐겨 책을 사는 습관은 있었지만, 취미라기보다 꼭 필요한 책을 사는 정도였다. 헌책방이나 엿장수, 고물장수가 모이는 곳이면 어디든 찾아다녔다. 그런 곳에 헐값으로 쓸 만한 책과 자료가 될 만한 인쇄물을 샀을 때의 기분은 이루 형용할 수 없었다. 그러다 그 어수룩한 고물상 거래도 세상이 영악해지면서 그런 재미마저 나에게서 빼앗아 갔다.

하지만 일단 맛들린 고서수집벽을 털어버릴 수 없어, 나는 고서방을 드나들게 되었다. 처음에는 잡지, 양장본들을 수집하다가 차차 선조들의 몇백 년 손때 묻은 한적고서에 관심이 가기 시작했다. 요사이도 토요일 오후면 가끔 인사동이나 장안평의 골동가게를 찾는다. 그곳에 가면 선조들의 손길로 이루어지고 오랫동안 간직되어 온 여러 가지 민예품과 고서화를 완상할 수 있다. 갖가지 문양이 새겨진 떡살로부터 몰골이 일그러진 백제토기 등 관람료를 주지 않고도 매만지고 볼 수 있다는 것만으로도 여간 흐뭇한 일이 아니다. 이러한 온갖 민예품과 고서화 류의 가게 사이에 가뭄에 콩 나듯이 고서점이 끼여 있다. 고서점 주인들과는 대부분 가깝게 지내는 처지다. 나는 수인사를 하자마자 고서더미를 뒤적인다. 어렸을 때 해변가에서 호미로 자갈밭을 일구어 조개를 주우면서 밀물이 밀려올까봐 가슴 죄던 그런 마음이 된다.

해일이 밀려오는 것도 아니고 누가 쫓아오는 것도 아닌데, 고서점에 들르면 괜시리 마음이 급해진다. 내가 찾고 있는 희귀본이나 고판본이 먼지와 손때에 전 고서더미 속에서 혹 나오지 않을까 조바심을 한다. 그러나 대부분은 허탕이다. 흔해빠진 중국고전인 사서삼경의 칠서 낱권이나 중국 고전을 베낀 필사본 등이 고작이다. 이럴 때 가게 주인이 슬며시 궤짝 속이나 책상서랍에 감추어두었던 고서 몇 권을 집어내 보인다. 그 행동에는 이 고서는 당신에게 주기 위해 특별히 남겨둔 것이라는 배려의 뜻도 있지만 그보다는 고가본이라는 뜻이 더 담겨 있다. 어느 때는 500년이 넘은 금속활자본이 있는가 하면, 또 육칠백 년이 넘은 불경 목판본이 나오기도 한다.

그런데 나는 이러한 고가본보다 부담이 가지 않는 돈으로,

지조를 지켜온 선비들의 문집을 사들고 가게문을 나올 때가 가장 마음 편하고 즐겁다. 10여 년 전만 해도 2, 3백 년 넘은 금속활자본도 그다지 비싸지 않았으며 불경 등은 몇 백 년 넘은 책들도 값이 쌌다.

나는 값싼 불경과 우리나라 선조들의 문집文集을 사 모으기 시작했다. 그 중에서도 ≪묘법연화경≫에 간기가 있는 책을 집중적으로 수집하기도 했다. 요즘 책으로 말하면 판권이라 할 수 있는 간기란에는 발행일자, 발행소 그리고 목판본인 경우 누가 글을 쓰고 어떤 사람이 각을 하였다는 기록 등이 상세히 찍혀 있어 출판인쇄사史 연구에도 도움이 될 것 같아서다.

앞으로 문집이나 불경 등의 값이 오르면, 값이 싼 칠서七書인 사서삼경의 질이 맞지 않는 낱권이라도 수집할 생각이다. 몇 백 년 동안 우리 선조들의 손때 묻고 학문적 숨결이 배어 있는 고서들이 갈기갈기 찢기고 천대받는 모습이 사라질 때까지 고서방을 드나들 생각이다. 이제는 고서 수집벽의 늪에서 빠져 나올 만한 또 다른 취미가 있을 것 같지 않기에 헌책사랑을 지속하리라.

— 1995. 7.

책이 있는 마음

쪽빛 하늘이 우주의 천장에 바짝 달라붙은 것 같다. 서편 소요봉 위에는 한여름 뽐어대던 열기의 잔해처럼 흰 구름 조각이 떠 있다. 며칠 전 한지 종이로 발라놓은 아자亞字형 덧문이 한결 시원스럽다. 안락의자에 앉아 발을 탁자 위에 얹는다. 몸과 마음이 비할 데 없이 편안하다. 한가위라 골목길을 메우던 확성기 소리도 그치고 서울대학교 쪽으로 뚫린 비탈길을 오르는 자동차의 소음도 한결 나지막하다.

나는 옆에 쌓여 있는 책 한 권을 들었다. 창문을 열고 밖을 내다보고 있기에는 가을햇살이 너무 눈부시다. 눈을 감고 사념에 젖으려니 외로움이 엄습할 것 같다. 책장을 펼쳤다. 책장 속으로 내 자신이 함몰한다. 아니, 활자가 내 영혼을 유혹하는 것인지도 모르겠다.

나는 일본 땅에서 태어나서 그곳에서 자랐다. 일본아이들은 내가 조선아이라고 나와 동무가 되어주지 않았다. 나는 외아들이라 부모님이 일터로 나가면 혼자였다. 텔레비전도 라디오도 없었던 시절이어서 교과서를 뒤적거리다 이내 싫증이 나면 강가로 갔다. 그곳에서 혼자 돌팔매질을 하다 집에 돌아오면 무료함에 젖는다. 나는 그때부터 책을 친구로 삼았다. 그때는 세계 제2차대전 중이라 아동용 책은 주로 일본군 장성들의 성장과정을 그린 전기류의 책이 많았다. 일요일이면 어머님과 같이 도시에 나가서 책을 사가지고 왔다.

나는 어렸을 때부터 책의 신세를 졌다. 내가 그때 읽었던 책들 중에서, 노기 대장乃木大將의 아버지가 아들이 겁쟁이라고 겨울에 옷을 벗기고 찬물을 끼얹어 아들에게 인내를 키워준 이야기와 일본의 유명한 소설가 요시카와 에이지吉川英治의 어린 시절을 그린 〈빗속의 어머니〉라는 동화는 지금도 인상깊게 각인되어 있다.

교실에서도 내 옆에 앉으려 하지 않는 일본아이들의 홀대와 멸시를 참고 견딜 수 있었던 것도 책의 힘이었다. 매서운 바람이 옷을 벗기는 것이 아니라 따뜻한 햇볕이 옷을 벗긴다는 지혜도 나는 이솝의 우화를 읽으면서 터득하였고, 그때 책에서 얻은 지식을 지금도 값지게 간직하며 살아가고 있다.

해방이 되기 한 해 전에 고국인 한국에 왔다. 그때는 일제때라 학교에서는 일본글을 배우지만 모든 대화는 한국말로 했다. 그런데 나는 한국말이 서툴렀다. 학우들이 쪽바리(일본놈)라고 놀려대었다. 말이 통하지 않으니 의사소통이 되지 않고 의사소통이 되지 않으니 친구들로부터 소외당했다. 그 고통을 나는 책을 읽으면서 극복했다. 그러다 해방이 되었다. 나는 다른 친구들보다 빨리 한글을 터득했다. 책을 보기 위해서였다. 해방 후 좌우 이데올로기 서적과 더불어 우리 민족을 일깨우는 국사책이 홍수처럼 쏟아져나왔다. 김성칠의 ≪조선역사≫, 한규상의 ≪조선사화집≫, 육당 최남선의 ≪신판 조선역사≫, 김희상의 ≪4천 년 조선사화≫, 단재 신채호의 ≪조선사 연구초≫ 등 닥치는 대로 읽었다. '아마데우스 오미카미天照大神'의 건국설화 속에 잠겨 있던 나에게 단군왕검께서 이 나라를 세웠다는 역사적 사실은 엄청난 의식의 전환을 가져왔다. 조센징이라고 멸시받던 나는 우리 민족에게 이렇게 훌륭한 역사가 있다는 것을 알고부터 내 나라 역사를 찾고 배우는 데 힘을 기울였다. 그래서 지금도 역사서를 자주 읽고 또 수집하고 있다. 중학교에 입학하여 두 달도 되기 전에 내가 살던 고향에서 여수·순천사건이 일어났다. 그리고 거의 수습될 즈음에 6·25 전쟁이 터졌다. 농업학교를 다니던 나는 군사훈련이다, 농장실습이다 해서 제대로 공부를 하지 못하고 중·고등학교를 졸업했다.

그러나 나는 그 어려웠던 시절에도 책을 읽을 수 있는 기회가 주어지는 대로 책을 읽었다. 책을 사서 읽기는 힘들었던 때라 대본점에서 책을 빌려다 밤새워 읽었다. 박계주 · 이광수 · 방인근 등의 애정 · 계몽소설에서부터, 6 · 25 전까지는 쉽게 읽을 수 있었던 이태준 · 이기영 · 김남천 · 홍명희 등의, 역사를 바탕으로 민족혼을 불러일으키는 소설들을 자주 접했다.

서울에 올라와 나는 대학에 다니면서 잡지사에서 일을 했다. 보수를 받지 못하는 경우가 허다했지만 그래도 좋았다. 교정쇄를 보면서 남보다 먼저 인쇄물을 대할 수 있다는 것이 얼마나 행복했는지 모른다. 나는 직장생활과 군대생활을 하면서 9년 동안 대학을 다녔다. 그래서 초등학교에서 대학졸업까지 무려 21년의 학생시절을 보냈다. 그러나 시대가 혼란하였던 탓인지 무엇 하나 학교에서 똑똑히 배운 것이 없다. 다만, 그동안 내 손을 거쳐간 그 수많은 책들이 나에게 더없는 감명을 준 스승들이었다. 대학을 졸업할 무렵에는 서울 변두리의 헌책방에서 점원 노릇을 했다. 손님에게 책을 권하고 남는 시간은 하루 종일 책을 읽었다.

그 후 책을 펴내는 일을 시작했다. 그것은 책을 읽는 일이다. 이렇게 해서 책과 맺은 인연은 나에게 모든 것을 안겨주었다. 지식과 재산, 명예와 지조를 지키는 일 어느 것 하나 빠뜨리지 않고 나에게 주었다. 또 모든 괴로움과 부족함과 외로움을, 책은 그때그때 내 서재와 사무실과 심지어 호주머니 속에서 기다리고 있다가 내게서 가져가주었다. 책은 나에겐 삶이요, 스승이요, 믿음이다. 지금 나는 한일합방 때 순사殉死한 황현이 지은 ≪매천집≫의 시 한 수를 읽는다.

새짐승 슬피 울고 강산도 시름
무궁화 이 강산을 빼앗기고 말았네
책 덮고 지난 역사 헤아려보니
글 아는 사람 구실 어렵기도 하네.

— 1944. 10.

이 가을, 고서의 숨결과 더불어

아침 풀벌레 소리가 힘차다. 낮에는 섭씨 30도를 오르내리는 기온이라지만 아침저녁으로는 가을기운이 완연하다.

지난 여름은 유난히도 잦은 천재天災에 시달렸다. 호우와 강풍 그리고 하늘이 찢어질 것 같은 번개와 뇌성, 그로 인한 수재로 많은 인명과 재산을 잃었다. 게다가 인간에 의한 재난과 파괴는 또 얼마나 우리의 마음을 쓰리고 아프게 했는가. 참으로 어처구니 없는 '오대양 집단 변사사건', 하루도 그치지 않는 파괴를 수반한 노사분규 등 숱한 사건과 충돌이 아직 끝맺음을 하지 못하고 있는데, 그래도 가을은 우리에게 다가오고 있다.

벌써 몇 년째 서울대학교에 쏟아부어졌던 그 독한 최루탄가스가 남풍에 실려와 정원에 서 있는 몇 그루의 과수果樹에 차곡차곡 쌓여 이파리마다 앙금으로 남아 있을 텐데도, 나무에 매달린 열매들은 제 빛을 띠기 시작한다. 꽈리도 붉게 열매를 늘어뜨렸다. 황국黃菊도 꽃잎새를 머금었는가 하면 여기저기 흐드러진 과꽃이 분홍과 보랏빛으로 곱다.

서고書庫로 내려가는 돌계단 틈바구니에도 과꽃이 만발했다. 그 꽃을 밟을세라 조심스레 계단을 내려가 서고의 문을 연다. 긴 장마를 거친 해묵은 책내음이 코에 와 닿는다. 서고에 낸 창들을 모두 활짝 연다. 반지하로 된 서고라 햇볕이 나고 습도가 낮은 날이면 거풍擧風을 한다. 또 그런 날이면 내가 아끼는 한적韓籍 몇백 권을 두세 시간 정도 포쇄曝曬한다. 책을 아끼던 우리 선조들은 정부에 포쇄관이란 직책을 두어 서고의 통풍 · 온도 · 습도 등을 조절하게 하고, 특히 여름철이면 곰팡이로 인한 책의 훼손을 막기 위해 햇볕에서 말리고 바람을 쐬는 포쇄작업을 하게 했다. 이 포쇄관은 사고史庫에서 서적을 점검하고 관리하는 사관史官으로서, 예문관藝文館의 검열檢閱이 맡아 했을 정도로 그 비중이 컸다.

내가 두세 시간 지켜 앉아서 포쇄를 하는 책 중에는 주로 문집文集이 많다. 한적고서古書를 수집하거나 다루는 분들은 주로 간기刊記가 오래된 고려본高麗本이나 조선초기본朝鮮初期本 등과 귀한 금속활자본이나 오래된 목활자본을 중요시한다. 나도 그런 고서를 갖고 싶다는 욕심이 없는 것은 아니나, 나름대로 설정한 가치 있는 문집을 구했을 때 무척 보람되고 흐뭇하다. 한적고서 중에서도 개인의 시나 문장, 그의 행적 또는 찬사로 엮어진 문집은 딴 고서들에 비해 월등히 값이 싸다. 그런데 그런 문집 중에 내가 그동안 존경하고 흠모하던 선비들의 문집을 손에 넣게 되는 날은 그렇게 기분 좋을 수가 없다.

지난해 가을, 인사동에 있는 통문관에서 정몽주 선생의 문집인 ≪포은시고圃隱詩藁≫ 초간본을 입수했을 때의 기쁨은, 발걸음을 어떻게 떼어놓으며 인사동 골목을 빠져나왔는지 모를 정도였다. 그때 통문관에서 50미터도 되지 않는 곳에 있는 고서점 승문각에 들러 주인에게 어린아이처럼 자랑을 하였던 기억만이 지금도 희미하게 남아 있다.

이 ≪포은시고≫는 정통正統 4년(1439)에 발간된 상하 합본 일책一冊의 목판본으로, 서문은 권근權近의 조카로서 대사성을 지낸 권채權採가 쓰고 발문은 목은 이색이 쓴 정몽주 선생의 지조와 충성이 가득 담긴 시문집이다.

정몽주 선생은 〈단심가丹心歌〉를 읊고 선죽교에서 쓰러진 절개 곧은 선비이면서도 이성계와 함께 동북면東北面 조전원수助戰元帥로서 함경도에 쳐들어온 왜구를 토벌한 무인武人이기도 했다. 또한 명나라를 세 번이나 오가며 대명국교對明國交를 회복시키고, 직접 일본 규슈九州의 이마카와今川了俊를 찾아가 왜구를 단속해 줄 것을 청하여 응낙을 받아온 뛰어난 외교관이기도 했다.

햇볕은 따갑지만 풀잎 사이로 스며들어오는 서늘한 실바람을 등에 받으며 몇 권의 한적을 뒤적여 통풍을 시킨다. 얼마 전에 장안평 고서점에서 입수한 ≪문절공 김선생유고文節公金

先生遺稿≫라는 책이 눈에 띄어 집어들었다. 이것은 조선초를 살다 간 김담金淡이란 분의 문집이다. 이분은 1435년(세종 17년) 문과에 급제하고 집현전 정자正字로 뽑혀, 조선 역학曆學의 기본이 된 ≪칠정산외편七政算外篇≫을 이순지李純之와 함께 만들었고, 1447년에 이조정랑吏曺正郎으로 문과 중시重試에 급제하여 충주목사, 안동부사를 지내고 1458년(세조 4년)엔 경주부윤慶州府尹을 지낸 후, 세조 9년에 이조판서에까지 오른 분이다.

그런데 이 문집 뒤편에는 그냥 지나쳐버릴 수 없는 명단이 첨부되어 있다. 1447년(세종 29년) 8월 21일에 세종대왕이 인재人材 중의 인재를 뽑기 위해 실시한 문과 중시의 합격자 명단(榜目)이 그것인데, 여기에는 1등 3인에 성삼문 · 김담 · 이개, 2등 7인에 신숙주 · 최백 · 박팽년 · 이석형 · 송처관 · 유성원 · 이극감 등 10인의 이름이 나온다. 이 열 사람 중 최, 송 두 분은 후세에 잘 알려지지 않고 있지만, 나머지 여덟 사람은 네 사람씩 따로따로 반대입장으로 역사에 남아 우리에게 많은 지식과 교훈을 주고 있다. 성삼문 · 이개 · 박팽년 · 유성원 등은 세조 원년에 상왕인 단종의 복위를 위하여 목숨을 바친 사람들이며, 김담 · 신숙주 · 이석형 · 이극감 등은 세조의 치정에 끝까지 협조하면서 영의정, 팔도관찰사, 형조판서 등 온갖 권력과 영화를 누린 사람들이다. 그 중 신숙주 · 이석형 · 이극감 등은 ≪동국정운≫, ≪국조보감≫, ≪고려사≫, ≪치평요람治平要覽≫, ≪의방유취醫方類聚≫ 등 많은 저서를 편술하기도 하였지만, 그러나 나에게는 성삼문이 처형당할 때 지은 시 한 수가 더욱 절실하게 다가온다.

서산에 뉘엿뉘엿 해 지려는데
북소리 둥둥 재촉하는 내 목숨,
황천 가는 길은 여숙旅宿도 없다던데
오늘 밤 나는 뉘 집에 자고 가나

이외에도 책은 낡을 대로 낡아 모서리가 닳아서 다 해졌지만 보물처럼 간직하는 생육신 조여趙旅문집, 병자호란 때 청나라에 항복하는 것을 끝끝내 반대하다 청나라에서 목숨을 잃은 삼학사三學士인 홍익한 · 윤집 · 오달제 문집, 일본 침략에 항거하다 대마도에서 객사한 최익현의 ≪일성록日星錄≫ 등을 만지고 있자면 모처럼 맞은 휴일의 오후도 시나브로 지나고 만다.

요사이 민주화 바람이 일자 많은 사람들이 분주하다. 그들은 무엇을 얻고 무엇을 추스르고자 하는지……. 순간이나마 잠시 멈추어 지난 역사를 돌아보고 먼 미래를 바라보는 작은 여유를 가져주었으면 좋겠다. 그래서 온갖 수난을 겪고도 마침내 결실을 맺고 마는 자연처럼 민주의 매가 주렁주렁 맺히는 올 가을이 되었으면…….

— 1987. 9.

출판의 길

젊었을 때는 하고 싶은 일이 그리도 많았다.

나는 한때 바닷가의 조선소造船所 안에 있는 집에서 살았다. 그때는 중학교에 진학할 형편이 아니었으므로 야간중학교를 다니면서 낮에는 조선소에서 몇 달 간 잡일을 하였다. 도목수都木手 밑에서 톱·망치·대패 등을 갖다 주는 잔심부름을 하는 일부터 배우기 시작했다. 빨리 배 목수일을 배워서 뱃공장의 공장장이 되겠다는 것이 그때의 내 꿈이었다.

그런데 가끔 큰 화물선이 수선을 하기 위해 조선소 도크 위에 올려질 때면 마도로스 파이프를 입에 물고 거드름을 피우는 화물선의 선장이 그렇게 부러울 수가 없었다. 그 순간 나는 크면 꼭 멋있는 기선의 선장이 되어야겠다는 생각에 잠을 설치곤 하였다.

그러다 14연대 반란사건이란 여순사건이 터지고 나는 고향에서 40킬로미터쯤 떨어진 S시의 농림중학교로 전학을 하게 되었다. 먼 친척 되시는 분이 주지로 계시는 절에서 당시로는 가장 힘들었던 먹고 자는 숙식문제를 맡아주시겠다고 하여 절 생활을 하게 되었다. 절에는 가끔 고승들이 다녀가셨다. 생식生食을 하시면서 하루 종일 부처님 앞에서 좌선坐禪을 하고 계시는 스님이 계시는가 하면, 불자佛子들을 법당에 모아놓고 부처님의 가르침과 팔정도八正道 등 불교의 교리를 설파하시는 스님도 계셨다. 그 스님들이 무욕 · 무심 · 무애無碍한 해탈의 경지에서 유유자적悠悠自適하는 모습을 보고 있으면 나도 스님이 되어 속세를 등지고 입산수도나 해버릴까 하는 생각을 한 적이 한두 번이 아니었다.

그러다 6 · 25전쟁이 나자 나는 절에서 나와 학교에서 매점을 보면서 고학을 하는 동안 생각이 많이 바뀌기 시작했다. 매일 닥쳐오는 모든 고난을 이기면서 돈도 벌고 명예도 얻어야 되겠다는 강한 의지 같은 것이 싹트기 시작했다. 모든 학생이 시내로 돌아가고 아무도 없는 기숙사에서 자취생활을 하는데, 저녁이면 지리산의 빨치산들이 준동하여 학교 본관을 불태우는 등 전율의 밤을 며칠씩 지새우면서도 꼭 고등학교는 졸업해야겠고 어떤 방법을 택해서라도 대학교를 졸업해야겠다는, 그때로서는 허황한 꿈을 꾸기 시작했다.

농림학교 축산과로 전학올 때에는 농림학교를 졸업하여 군청서기나 면서기로라도 취직을 해서 홀어머니를 편하게 모시고,

가능하면 양계 · 양돈 같은 것을 해야겠다는 소박한 꿈이 있었다.

그러다가 이데올로기로 인한 그 잔인하고 치열한 싸움, 자유당 정권의 부정과 부패, 권력을 가진 자들의 횡포, 돈 있는 자들의 오만, 이런 것들이 감수성이 강했던 젊은 나로 하여금 사회정의 구현이라는 사회참여 의식을 갖도록 해준 것 같다.

중학교 시절, 심훈의 ≪상록수≫와 이광수의 ≪흙≫에 나오는 주인공인 박동혁과 허숭을 그렇게 동경하던 나는 법률을 공부해서 억눌린 자를 위하여 일해야겠다는 생각이 들기 시작하였다.

고등학교를 마치자 몇 권의 법률서적이 든 짐보따리를 짊어지고 깊은 산속, 곡성군 목사동이라는 산마을에 있는 친구네 집을 찾아갔다. 그곳에서 법률공부를 하는 동안, 나는 자극을 받기 위해서는 서울로 올라가 고학을 하면서라도 대학을 다녀야겠다는 생각으로, 1955년 초봄에 이렇다 할 대책도 없이 서울로 올라왔다. 폐허가 된 서울, 어느 한 집 나를 맞아줄 곳 없는 서울에서 나는 온갖 고생을 하며 대학에 진학하여 법학을 공부했다. 그러나 법학은 나의 적성과는 너무나 맞지 않는 것이었다. 고학을 하기 위해 다녔던 잡지사의 기자생활, 특히 원고 교정을 보고 편집을 하고 책을 만들어내는 일이 그렇게 즐겁고 보람찰 수가 없었다. 게다가 잡지사의 기자생활을 하면서 당시의 야당 거물들과 또 학생운동을 하는 젊은 정치지망생들과 접하는 기회가 많아졌다.

이들을 만나면서, 정치인이 되어 내 몸을 던져 자유당 독재정권과 싸워야겠다는 의분심 같은 것이 치솟기도 하였다. 그래서 3 · 1청년학생동지회도 조직하고, 군에서 제대한 후 4 · 19혁명 때는 4월혁명 정신선양회를 조직하여 4 · 19정신을 선양하기 위해 앞장서기도 하였다.

그러다 5 · 16 군사쿠데타가 일어났다. 나는 그때 민주당의 기관지인 ≪민주정치≫라는 신문의 편집을 맡고 있으면서 민주정치의 정착을 위해 나름대로 열심히 일했다. 5 · 16 군사쿠데타가 성공하자 정권을 잡은 자로부터 유혹을 받기 시작했다. 나는 그들을 피해 종로구 통의동 뒷골목에 있는 헌책방에 점원으로 취직한 후, 몇 년의 세월을 보내며 결혼도 하고 헌책방도 하나 마련하여 독립을 하였다. 그리고 동대문 뒷골목에서 헌책방을 하다가 1966년에 '범우사'라는 출판사 등록을 하였다. 적은 자본으로 시작했기 때문에 범우사 간판을 메고 다니며 잡지사 편집장이나 주간으로 편집 기획일을 도와주는 식으로 1년에 한두 권의 책을 내면서 출판사를 운영하였다. 그러다 박정희 정권의 10월 유신 바람에 모든 잡지사들이 문을 닫자, 나는 범우사에 온 정력을 쏟기 시작했다.

세종문화회관 뒤 도렴동의 3 · 6빌딩 층계참 밑 세 평짜리 사무실에 책상 하나, 친구가 놓아준 전화기 한 대로, 페달을 밟지 않으면 쓰러진다는 자전거출판론의 이론대로 내 역량을 다하여 페달을 밟기 시작했다. 많은 사람들의 도움으로 한 해에 신간 50여 권을 내기 시작했다. 그래서 이제 범우사는 1,300

여 종의 책에 26년의 역사를 가진 출판사가 되었다.

이렇게 출판인으로서 뿌리를 내렸지만 가끔 마음이 흔들릴 때가 있다. '출판을 위해 꾸준하게 외길을'이라는 구호를 매번 뇌까리지만 어머니가 바라던 면서기의 꿈, 정상적인 공부를 하지 못한 여한 때문에 50이 되어 석사과정 공부를 하고 객원교수의 직함까지 얻었지만 더 이상의 것을 바라는 학문에 대한 허욕, 정치의 계절이 되면 그동안 눈도 돌리지 않았던 신문에 관심이 간 적도 있다. 정치면의 7포인트 활자를 돋보기를 끼고 샅샅이 읽어가는 정치지향의 무모한 관심, 불후의 명수필이나 시 한 편을 남겨보겠다고 매년 정초면 일기장에 다짐해보는 헛된 망상, 이 모든 욕망들을 가지치기해보려 자신과의 투쟁을 부단히 하고 있다.

출판은 모든 학문과 과학과 예술의 기본이다. 훌륭한 출판사는 대학을 능가하는 사회적 · 국가적 의의를 갖는다. 이러한 자부심으로 출판의 길을 가고 있다. 출판은 내가 달하지 못한 학문의 길, 작가의 길, 정의사회 구현의 길, 이 모든 길을 뒷받침할 수 있는 요소를 가진 기업이라는 변을 되풀이하며 오늘도 이 외길을 열심히 걸어가고 있다. 이제 60을 바라보는 고갯마루에서 적은 일이나마 한 일을 위해 보람찬 매듭을 지을 나이가 된 것 같다.

— 1992. 10.

■ 연보

• 약력

1935년	12월 27일, 일본 고베神戸 시 미유키도리御幸通 3정목丁目 5번지 33호에서 아버지 윤민식尹珉植, 어머니 김처례金處禮의 아들로 태어남.
1954년	순천농림 중 · 고등학교 축산과 졸업(현 국립순천대학교 전신).
1961년	3월, 민주당 당보 ≪민주정치≫ 기자. 5 · 16 이후 고서점 ≪삼우당≫ 경영.
1962년	1월 4일, 신영숙申泳淑과 결혼.
1963년	동국대학교 법학과 졸업.
1966년	8월, 도서출판 범우사 창업. 대표(현재).
1971년	9월, ≪다리≫ 편집인 겸 발행인.
1972년	≪수필문학≫에 수필 〈콩과 액운〉으로 등단.
1975년	2월, 한국수필가협회 이사.
1979년	12월, 에세이 문고 ≪사노라면 잊을 날이≫ 출간.
1987년	9월, 민족문학작가회의 창립 회원.
1988년	6월, 한국출판협동조합 이사장. 10월, 대통령 표창(출판문화진흥).
1989년	2월, ≪출판물유통론≫(제12회 한국출판학회 저술상 수상) 출간. 3월, 국제펜클럽 한국본부 이사. 애서가상 수상.

1990년	수필집 ≪책의 길 나의 길≫(제24회 문화부 추천도서) 출간.
1991년	3월, 수필집 ≪넓고 넓은 바닷가에≫(제19회 현대수필문학상 수상). 중앙대학교 신문방송대학원 객원교수.
1992년	10월, 서울시문화상 수상(출판부문).
1994년	수필집 ≪책의 길 나의 길≫(제8회 동국문학상 수상).
1995년	5월, 국민훈장 석류장(청소년 지도) 수훈. ≪아버지의 산 어머니의 바다≫(제138차 출협청소년 선정도서).
1996년	5월, 동국 90년 자랑스런 90인 선정(동국대 개교 90주년).
1997년	3월, 계간 ≪한국문학평론≫ 발행인. 12월, 범우문고 ≪책이 좋아 책하고 사네≫(문화관광부 추천도서) 출간.
1999년	1월, 마르키즈 후즈 후(Marquis Who's Who)의 세계인명사전인 ≪Who's Who in The World≫에 등재. 2월, 한국출판학회 회장 재선임. 9월, '문화연대' 공동대표.
2001년	10월, 보관문화 훈장 수훈.
2002년	5월, 국립 순천대학교에서 명예 출판학 박사학위 취득.
2003년	1월, ≪산山사랑 책사랑 나라사랑≫(2003년 문

	예진흥원 우수도서 선정) 출간.
2004년	4월, ≪한 출판인의 중국나들이≫ 출간. 9월, 칠순문집 ≪한 출판인의 외길 50년≫ 출간.
2005년	8월, ≪한 출판인의 일본나들이≫ 출간.
2006년	1월, 문집 Ⅷ ≪지나온 세월 속의 편린들≫ 발간. 3월, (재)한국출판문화진흥재단 이사장 선임.
2007년	5월, ≪한 출판인의 중국 나들이≫(윤형두 지음) 중국어판이 2007년 아시아태평양 출판상 일반부문 금상 수상.
2008년	5월, 국립순천대학교(전신 순천농림고)에서 자랑스러운 순천대인상 수상.

현대수필가 100인선 · 48
윤형두 수필선

5사상 29방

초판인쇄 | 2009년 10월 10일
초판발행 | 2009년 10월 15일

지은이 | 윤 형 두
펴낸이 | 서 정 환
펴낸곳 | 좋은수필사

주　소 | 서울시 종로구 익선동 30-6
운현신화타워 빌딩 3층 305호
전　화 | 02)3675-5635, 063)275-4000
등　록 | 1984년 8월 17일 제28호
홈페이지 | http://www.shin-a.co.kr
e-mail | essay321@hanmail.net

값 7,000원

ISBN 978-89-5925-317-3
ISBN 978-89-5925-247-3 (전 100권)